黑龙江省高校基本科研业务费黑龙江大学专项资金项目（编号：2022-KYYWF-1209）
黑龙江大学工商管理学科经费

| 资助

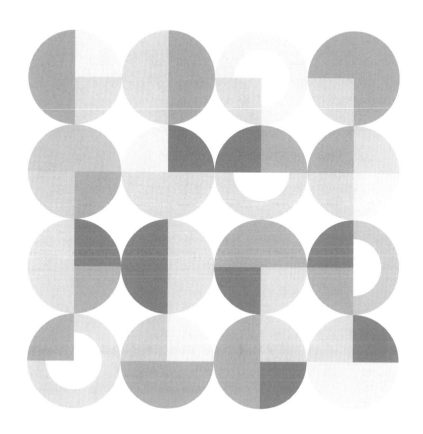

数字环境下原产地形象
对农产品品牌化的影响研究

张耘堂 ◎ 著

中国财经出版传媒集团

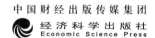

经济科学出版社
Economic Science Press

图书在版编目（CIP）数据

数字环境下原产地形象对农产品品牌化的影响研究/
张耘堂著． -- 北京：经济科学出版社，2023.5
ISBN 978 - 7 - 5218 - 4803 - 8

Ⅰ．①数… Ⅱ．①张… Ⅲ．①农产品 - 产地 - 影响 -
品牌战略 - 研究 - 中国 Ⅳ．①F326.5

中国国家版本馆 CIP 数据核字（2023）第 096023 号

责任编辑：程辛宁
责任校对：王肖楠 王苗苗
责任印制：张佳裕

数字环境下原产地形象对农产品品牌化的影响研究
张耘堂 著
经济科学出版社出版、发行 新华书店经销
社址：北京市海淀区阜成路甲 28 号 邮编：100142
总编部电话：010 - 88191217 发行部电话：010 - 88191522
网址：www. esp. com. cn
电子邮箱：esp@ esp. com. cn
天猫网店：经济科学出版社旗舰店
网址：http：//jjkxcbs. tmall. com
北京中科印刷有限公司印装
710 × 1000 16 开 13 印张 200000 字
2023 年 5 月第 1 版 2023 年 5 月第 1 次印刷
ISBN 978 - 7 - 5218 - 4803 - 8 定价：78.00 元
（图书出现印装问题，本社负责调换。电话：010 - 88191545）
（版权所有 侵权必究 打击盗版 举报热线：010 - 88191661
QQ：2242791300 营销中心电话：010 - 88191537
电子邮箱：dbts@ esp. com. cn）

　　农产品品牌建设能够使农产品销售量获得有效提升，从而促进农业的发展。在数字经济时代，农产品可以充分借助数字技术的优势，抓住新的发展机会，提升品牌知名度，完成品牌建设。在对数字经济概念进行阐述的基础上，分析数字经济为农产品品牌带来的发展机遇，并且提出数字经济赋能农产品品牌建设的路径，包括提升农产品品牌的独特性、提升农产品品牌辨识度、通过数字技术挖掘农产品品牌潜力、提升服务质量等等，以期能够为我国农产品品牌建设提供一定的帮助。信息技术和互联网的大范围普及，催生了电子商务，极大地促进了数字经济发展。很多产品从线下销售转移到线上销售，影响范围更广，成本也更低，在"互联网＋"背景下，网络营销模式逐渐得到了大范围推广和应用。在农业领域，为了顺应时代发展趋势，将特色农产品与"互联网＋"有机整合，通过网络营销模式实现大范围推广和宣传。但实际上，销售环节还有一定欠缺，影响着最终的营销成果，亟待进一步优化完善。本书主要就数字经济时代下的特色农产品网络营销相关工作进行分析，分析大力推广网络营销模式的意义和问题，有针对性地提出改善措施，使网络营销成为助力我国农业高质量发展的重要动力。

　　本书通过对原产地效应和农产品品牌的相关文献的回顾与梳理，结合数字经济下互联网的普及与新技术的快速发展对农产品市场的影响这一研究背景，提出"原产地形象对农产品品牌化的影响"这一研究主题。探讨了互联网环境下的消费者互动对品牌原产地形象的影响；构建了围绕本地意识、本地品牌偏好与购买行为关系的假设模型并进行了检验；构建了围绕生鲜O2O线下质量预期的影响、生鲜O2O线下配送效率预期的影响，以及接受度变量的中介作用的假设模型并进行了检验；围绕农产品原产地形象对属性信念的影响、产品属性信念对品牌态度的影响，以及消费者品牌态度对农产品品牌化的影响构建了假设模型，并通过实证方法对模型进行了检验；围绕数字环境的影响，探讨了农业企业发展思维的改变以及对于新技术的应用探索。

数字经济是未来经济发展的大趋势。"后疫情时代"，人们对于食品安全提出了更高的要求，通信技术的发展、信息基础设施建设、数字货币的推进、大数据科学的发展，使得农产品质量安全更加有保障，由于数据可追溯，将有助于从宏观层面上对农产品生产、营销、绩效管理等各环节进行调控，助力区域公共品牌打造。随着社会经济的发展，消费者对农产品的需求由单纯的物质需要向物质需求兼顾精神需求转变，品牌化的农产品更能赢得消费者青睐。在优质农业资源的基础上，通过对农业品牌在数字媒体语境下的塑造和传播，可以推进农业品牌化进程，提高农业品牌形象。企业可以借助本书的研究成果，完善营销策略的制定，尤其在原产地方面需要更符合顾客特征的策略；同时，对于政府层面打造城市与地区品牌形象，也可借鉴本书的研究思路。

目 录

第 1 章

绪 论

1.1 研 究 背 景

原产地作为一种独特的乡村风土符号，是与一定区域人文历史和自然环境密切相连的特殊农产品品牌，蕴含着巨大的市场价值和农村产业发展的核心动能，对提高农业发展质量、打造农业特色经济、提升农业质量效益、促进农民增收、促进农村繁荣和高质量发展区域经济具有重要影响。此外，原产地的惠益分享属性符合乡村振兴战略目标的产业振兴策略的行动路径，不仅能够带动乡村经济发展和产业增效，还能够促进乡村生态保护和文化传承。自 2017 年以来，中央一号文件多次强调培育优势特色产业集群，强化产地保护和推动农产品品牌打造的发展目标。然而，当前我国农产品原产地品牌面临注册规模较大，但是产业发展相对滞后的窘境。虽然我国原产地品牌注册数量增长速度较快、规模较大，但是品牌资产积累的进展还较为落后，多数品牌成长缓慢，溢价能力弱，尤其缺乏具有全球影响力的农产品品牌，品牌价值还有较大成长空间。在农产品生产经营方面，我国农产品品牌面临着组织化程度低和品牌建设与维护能力不足的局限，多数生产经营者品牌保护意识薄弱，拥有多产地的农业企业往往更愿意采用企业品牌，对原产地名称的使用率低下，而规模较小和市场份额较低的企业广泛存在"搭便车"行为，它们较少参与公共品牌的建设行动，但却占据和享有原产地品牌的正外部性所带来的品牌资产价值，进一步导致农产品原产地品牌成长缓慢。极少数农产品品牌发展红火，多数品牌还处于产业化发展的初级阶段，并且国内消费者对产地的认知度和认同度普遍较低，这进一步导致了农产品品牌价值的发挥跟不上时代需求。因此，如何培育品牌资产，扩大市场容量，全面实现与提升农产品品牌价值，是乡村产业振兴和农村全面发展中亟待解决的重大现实问题，也是品牌价值领域需要探索的重要理论课题。

众多研究表明，消费者愿意购买地理标志品牌并为其支付溢价。不过消费者对地理标志农产品的偏好还受到其他因素的影响。首先，原产地声誉和形象是消费者感知农产品地理标志品牌质量的重要信号，能够提高消费者对地理标志农产品的购买意愿和支付意愿。其次，消费者的风险偏好、消费习惯、产品认知、文化历史体验、产地知识、人口统计学特征等个人异质性因素也是影响地理标志农产品购买意愿和溢价能力的潜在要素。此外，消费者与品牌的地缘关系也是影响农产品地理标志品牌偏好的关键因素。由于农产品地理标志品牌的核心特征体现为产品品质和信誉与品牌产地的关联性，同时，与生俱来的地域群体身份是消费者群体认同的重要内容，因此，消费者与地理标志品牌原产地之间的地缘关系是研究农产品地理标志品牌消费行为的一个关键视角。在中国传统文化中，人们形成的以家为中心的地缘结构是建构群体身份、寻求情感归属、获取内部认同的重要载体。

另外，当代中国是流动的社会，伴随着人们居住流动性的大幅提升，如何通过消费行为将人与地方联系起来，并且在空间意义上创造社会价值成为研究消费的空间性的重要内容。当代社会的人们比以往更频繁地更换住所，以追求更好的生活质量和学习工作机会，与此同时，地域的流动反过来也影响着消费者对自我概念和地域身份建构等方面的认知。而内含乡土气息与地域文化的农产品原产地为消费者提供了一个联结特定地域的载体，既能缓解一些离家的消费者内心的乡愁，又能提供来自远方的文化体验和风味特色。同时，数字经济的快速发展，让消费者更容易获取具有原产地特点的产品。

因此，本书结合数字经济时代的现实因素，探讨消费者对原产地形象对农产品品牌建设的影响机理。

1.2 研究目的与意义

1.2.1 研究目的

本书探讨数字技术背景下原产地形象对农产品品牌化的影响，研究的主要目的如下：

第一，在互联网环境下，通过对消费者互动以及品牌原产地形象的形成进行新的思考、给予新的界定并赋予新的影响因素，探讨互联网环境下的消费者互动对品牌原产地形象在消费者心目中形成的难易程度产生的影响。

第二，本地意识作为一种文化观念，是消费行为和原产地效应研究领域的重要影响因素。而随着产品生产分工的细化，很多产品的原产地早已不清晰，农产品恰恰是今天各类商品中与原产地联系最为紧密的一类。而随着互联网的发展，今天的消费者通过网络能够掌握更多的产品信息，原产地究竟在今天发挥着多大程度的作用，需要我们展开新的研究。本书将以市场中的农产品品牌为研究对象，采用实证方法，揭示消费者本地意识、品牌特性和网络顾客农产品产地偏好的关系。

第三，生鲜O2O模式的兴起，对于互联网时代农产品销售的模式创新将产生推动作用，对解决"三农"问题，促进我国农村商业经济升级转型具有十分积极的意义。那么，这种新兴的商业模式可持续吗？未来的发展趋势走向如何？支撑这一商业运营模式的各要素及其相互关系有何规律？认清这些问题无疑对推动这一新兴营销模式的发展具有十分重要的意义，本书采用实证的方法对上述问题进行研究和探析。

第四，原产地是农产品质量与特色的天然标签。电子商务的迅速发展为农产品迅速推广自身特色提供了有利环境。但很多拥有较好产品质量的农产品原产地长期处于市场边缘位置，制约着我国农业品牌化的进程。本书将以市场中的农产品品牌为研究对象，采用实证方法，揭示原产地形象对农产品电商品牌化的影响路径。

第五，平台在今天的商业活动中扮演着越来越重要的角色，即使企业没有建设它们的平台，它们也需要应对各种商业平台带来的机遇和挑战。平台作为一种商业现象和模式，正受到越来越多的关注。当前阿里巴巴、京东、谷歌、亚马逊、苹果、微软等我们耳熟能详的大公司都正在成功地利用平台推进业务。平台模式被认为是近十年来最重要的商业模式创新之一，吸引了众多国内外学者的关注，包括对平台的角色的深入研究，以及其对企业、行业、价值体系和经济的影响。本书将探讨平台和商业模式创新的概念，以解释平台如何为企业的商业模式创新作出贡献。本书将从平台及其特征、商业模式及其概念、平台商业模式等方面，分析平台从作为技术服务到作为管理模式的转变，并从以下几个方面进一步分析平台商业模式：什么样的新用户加入了平台，平台如何为企业创造价值，以及平台在财务方面对企业的影响。最后对企业发展平台商业模式失败的原因进行了分析，以期为农业企业借助平台推广品牌提供启示。

1.2.2　研究意义

本书基于当下数字经济深入发展，数字技术深度普及的背景，运用问卷调查数据分析的实证方法，探讨原产地形象对农产品品牌化的影响，以此从多条路径探索农业的良性发展。具体而言，本书研究意义体现如下。

1.2.2.1　理论意义

（1）聚焦地区差异，拓展了原产地研究的范畴。

以往对于消费者原产地偏好的研究主要聚焦于国别差异，本书则聚焦于国内的地区差异，强调消费者本地意识的影响，主要研究居民对所生活地区的情感对消费态度的影响。这种地理层面的差异在某些产品上会有集中的体现。我国地理空间博大，各地区适宜种植的农产品也大为不同，气候、土壤的差异带来农产品质量品质差异极大，这就带来了显著的产地差异。因此，从原产地效应研究的角度讲，以往的研究主要关注的是国别层面的差异，对于具有显著地区差异的产品缺乏地区层面的研究。本书弥补了这方面研究的不足。同时本书认为，地区层面的原产地效应研究还可以扩展到更多的产品类别上，通过更广泛、深入的研究完善并形成系统的针对地区差异的原产地效应研究体系。

（2）通过引入技术因素，探讨数字经济时代原产地的影响。

消费者对于原产地的态度研究是原产地效应研究的基础。由于当今产品设计组装等环节经常不在同一国家或地区发生，而品牌的影响日益增大，所以目前原产地研究倾向于采用品牌原产地。原产地效应指品牌原产地形象给消费者对产品的评价及其购买决策所带来的影响，也就是说，消费者存在对某一原产地产品的刻板印象。关于消费者对于原产地形象的刻板印象在 20 世纪 80 年代曾得到学界的关注。当时的研究集中在原产地效应的存在性上。通过让美国消费者选择来自经济发展程度不同的国家的多种产品，研究表明在美国消费者中存在对原产地的刻板印象，而且对发达国家的产品有明显偏好。还有通过对荷兰与意大利消费者的研究，也证明了原产地效应的存在，并确实对消费者的选择有显著影响。但在以后的研究中，原产地效应存在性问题涉及不多，而是将重点集中在将更多因素纳入原产地效应影响因素研究中，研究的深度与广度不断提高。这一研究趋势是建立在 20 世纪 80 年代原产地效应存在性研究的基础上的，这也就意味着，当前的研究主要是在默认消费者存在对某一原产地产品的刻板印象这样一个前提下进行的。但是，互联网的普及极大地增加了消费者获取的信息量，这些信息不仅是丰富的，更是复杂多变的，这为原产地研究带来了新的情境和问题。

1.2.2.2 实践意义

（1）原产地对于消费者的影响将更加体现产品自身属性特征。

实证研究表明，互联网带来的是消费者对产品的认知更加充分，消费者对于依赖原产地这样的外在因素判断产品的需求在降低。商品与原产地往往存在某种相互依赖的关系。这种关系表现为产品能否体现原产地的优势，以及原产地能否为产品带来优势。在消费者知识水平不断提升的今天，这种优势需要更加体现产品自身的内在属性特征。某品牌牛奶与内蒙古草原的联系，对于消费者而言，可能要比某品牌手机与美国硅谷的联系重要得多。因为内蒙古草原意味着纯天然原生态环境，意味着绿色无污染，消费者认为这种环境下成长的奶牛产的奶质量更高，而且这种质量直接关系到饮食安全与健康。但对于手机，美国硅谷作为电子产品前沿科技的代名词，能提供的技术并不是消费者所关心的，也就是说，这种原产地优势是隐性的，消费者关心的是手机使用时的实际体验。现在很多国产品牌手机做得很好，但其技术水平并不见得很高，核心元器件仍需要外购，但消费者并不关心这些问题，他们关心的是手机实际使用时的性能。所以，原产地优势的影响需要建立在消费者所关心的产品特征基础上。

（2）企业基于原产地的形象塑造要更贴近产品的使用价值。

互联网带来的消费者知识的丰富使得人们的消费行为更加务实，使得原产地的作用在弱化，企业利用原产地形象为自身增光添彩也会变得更加困难。因此，企业在利用原产地进行形象塑造时也同样需要更加务实。以"欧洲设计、日本技术、美国品牌"为特点的口号式广告宣传对消费者的吸引力在降低，消费者更关心的是产品能够带给他什么，能否给他所需要的价值。这就意味着，原产地形象不是从事任何行业的企业都能利用的。如上文所提及的手机这一类电子产品，虽然其核心技术（芯片等）多数被少数几个发达国家所垄断，但这种技术性的东西不易被消费者直接感知。所以我们能听到消费者议论"三星手机""苹果手机"这类直接以品牌冠名产品的称谓，但很少听到"韩国手机""美国手机"这类以国别冠名产品的称谓，却可能更多地听到"韩国化妆品""韩剧"这类以国别冠名的称谓。因为这类产品能被直接感受的使用价值与原产地有更紧密的联系。所以，企业基于原产地的形象塑造要更贴近产品的使用价值。

（3）企业要努力通过原产地形象向消费者传递品牌情感。

如何向消费者传递情感，如何让农产品原产地形象的"象征性价值—产品情感性价值—品牌情感态度"这一情感路径充分发挥作用，关键是在互联网环境下，以及数字化媒体时代这种纷杂的信息传播环境中能够发出同一种声音。农产品由于其具有特殊性，对于通过整合资源，向消费者传递同一种声音的需求更加迫切。数字媒体时代的"碎片化"特征，使农产品的品牌传播很有必要基于全媒体以进行整合，综合运用多媒体形式全方位地展示内容，使媒介资源能够被更加充分地利用，以最大化农产品原产地品牌和原产地形象的传播效果。例如，以社交网站为平台进行品牌传播，使潜在消费群体通过娱乐或游戏的方式获取产品信息。以曾经风靡一时的"农场"游戏为例，农场中绝大部分的农产品实际上是源自现实生活，但所有产品只有产品名称而没有品牌名称。因此，这给农产品电商很大的网络营销空间，农产品品牌经营者可以同社交网站开展合作，让"农场"中的农产品现实化、品牌化、商业化。这种发展空间不仅局限于营销，甚至可以拓展成为如京东、淘宝一样的网络零售商圈，不同的是，这种商圈专注于农产品，再配合以现代化的物流配送体系，使农产品电商更容易被广大消费者认可。

1.3　研究内容与研究方法

1.3.1　研究的主要内容

本书的研究内容主要包括以下几个部分：第一，通过对消费者知识与从众心理的作用分析，以及消费者互动与原产地形象关系的实证分析，研究数字环境下的消费者与原产地形象的关系；第二，通过数字环境对消费者原产地认知的影响分析，消费者本地意识、品牌特性与农产品原产地偏好的关系分析，研究数字环境下消费者对农产品原产地的偏好；第三，通过对农产品 O2O 线下效用预期的分析，以及消费者对质量安全信息的需求分析，研究数字环境下农产品 O2O 线下要素作用；第四，通过分析农产品原产地形象、产品属性信念以及品牌态度三者之间的关系，研究数字环境下原产地形象对农产品品牌化的影响路径；第五，通过对以用户为中心的互联网思维、基于平台的商业模式以及"人工智能＋"的思考，研究数字环境下农业企业发展思维的改变；第六，通过对区块链与实体经济融合对于农业企业经营的影响分析、对于区块链伪链的治理思考，以及对于发展绿色循环农业的思考，研究数字环境下新技术应用对于农业发展的影响。

围绕以上研究内容，本书的章节内容安排如下：

第 1 章是绪论，主要介绍本书的研究背景并提出研究目的，阐述研究意义，明确本书的主要研究内容和研究方法。

第 2 章数字环境下的消费者与原产地形象的关系分析。通过实证分析研究消费者知识与从众心理和来源国效应的关系；然后分析数字环境下的消费者互动，并提出消费者互动与原产地形象关系的假设，并进一步开展实证分析。

第 3 章是数字环境下消费者对农产品原产地偏好的分析。在分析消费者对原产地认知，以及数字环境对于原产地形象塑造的作用等内容基础上，提出围绕本地意识、本地品牌偏好与购买行为的假设，并开展实证研究。

第 4 章是数字环境下农产品 O2O 线下要素作用分析。分析数字环境下的顾客价值，对线下效用预期进行维度划分，并对农产品质量安全信息进行分类，重点分析了外部光环信息和产品标注信息，在以上研究的基础上，围绕生鲜 O2O 线下质量预期的影响、生鲜 O2O 线下配送效率预期的影响，以及接受度变量的中介作用提出假设模型，通过问卷获取数据进行实证研究。

第 5 章是数字环境下原产地形象对农产品品牌化的影响路径分析。分析原产地形象的作用机制，围绕农产品原产地形象对属性信念的影响、产品属

性信念对品牌态度的影响，以及消费者品牌态度对农产品品牌化的影响提出
研究假设，通过实证方法对假设进行检验，得到影响路径模型。

第 6 章是数字环境下农业企业发展思维的改变。围绕企业发展思维的改
变，提出企业要积极建立以用户为中心的互联网思维，避免误区，提升企业
价值。围绕基于平台的商业模式，农业企业应积极利用平台模式带来的新机
会和价值。对于人工智能的快速发展，农业企业也应积极思考其对品牌塑造
带来的机遇。

第 7 章是数字环境下新技术应用对于农业发展影响的思考。在新技术快
速发展的环境下，分析传统产业面对的问题，探讨区块链技术与实体经济的
融合对农业企业经营的影响，并提出区块链伪链的概念，分析其引发的问题，
探索伪链的治理模式。并对发展绿色循环农业的紧迫性、可行性以及客观性
进行了分析。

第 8 章是结论。根据前文理论分析和方法以及最后对数据结果的分析，
归纳和总结本书的主要成果和创新点，并对未来研究的探索提出建议。

1.3.2 研究方法

为提升对研究内容分析的科学性和准确性，本书通过多种传统经典研究
方法的结合运用，来突破难点解决问题完成相关研究。

1.3.2.1 文献分析

文献分析是比较常见的研究方法，对前人的研究成果进行整理和分析有
助于为新的研究奠定基础。本书除了对原产地效应和介入度相关文献进行整
理外，在模型构建过程中，还涉及多个重要的理论依据，通过与研究内容的
结合，来完善本书的模型架构。

1.3.2.2 逻辑推演

逻辑推演是指从一个思想（概念或命题）推移或过渡到另一个思想（概

念或命题）的逻辑活动。包括由一个概念过渡到另一个概念的逻辑推演（如概念的概括、限定、概念的定义、划分等）和由一个或一些命题到另一个或另一些命题的推演（如各种直接推理、间接推理以及论证等等）。本书在对模型维度界定的过程中，运用了逻辑推演的方法进行理论推导，提出新的变量维度。

1.3.2.3 实证研究

本书实证研究获取数据的主要方法是问卷调查，总体上分三个阶段展开：第一，基于文献梳理和理论分析，构造各变量的维度及测项，形成初步的问卷；第二，通过小样本测试，结合贴合原产地研究的需求，再次筛选变量和测项得到正式问卷；第三，大样本的问卷发放，通过 SPSS 20.0 处理数据。

第 2 章

数字环境下的消费者
与原产地形象的关系分析

2.1　消费者知识与从众心理的作用

2.1.1　消费者知识与从众心理的关系阐述

在国际营销领域，对于来源国效应对消费者购买行为具有深刻的影响已达成共识。随着研究的逐步深入，越来越多的要素被纳入来源国效应的影响因素研究中。消费者知识和从众心理都是消费者自身情况的体现，消费者知识体现了消费者在消费领域的专业程度以及产品熟悉程度，是消费者购买商品的重要依据。消费者知识同时也是消费从众研究的重要影响因素。在以往针对来源国效应的研究中，由于来源国效应的特点在于将国家因素引入产品偏好中，因此，对于与国别相关的因素更容易引起重视，如来源国形象等，而真正体现消费者自身尤其是心理的因素还没有得到足够的重视，而从众心理是影响消费行为的重要因素，但在来源国效应的研究中却很少受到关注。本书从消费者本身的角度，将从众心理引入消费者知识与来源国效应关系的研究中，通过实证的方法加以分析和拓展。

2.1.1.1 消费者知识

消费者知识是一个重要的消费者概念，它会对消费者的产品信息搜集和处理活动产生影响，并最终影响消费者购买和使用产品[1]。消费者知识在不同的消费者身上是不同的，这种不同一方面是知识丰富程度的不同，另一方面是知识倾向的不同，这是由消费者产品偏好的差异引起的，这也意味着，消费者知识的差异可以体现消费者产品偏好的差异，但无论是哪一种情况，在指向同一产品时，消费者相关知识程度的高低，会使消费者的表现相差很远[2]。研究表明，消费者知识程度的高低会影响到消费者决策过程的每一个环节，同时也将影响到消费者的使用意愿[3]。现有的研究结论已经显示出了它对决策框架以及对信息过程的影响[4]。如果消费者知识水平高，不论是产品可见或不可见，消费者的消费意愿往往是稳定的，被外界左右的可能性较小。

在社会心理学中，从众心理是指个人受到外界人群行为的影响，而在自己的知觉、判断、认识上表现出符合公众舆论或多数人的行为方式，而实验表明只有很少的人保持了独立性，所以从众心理是大部分个体普遍所具有的心理现象[5]。社会心理学认为，从人的行为动机角度出发，当一个人选择从众，选择跟随身边的大多数人时，往往有两类动机：第一，当从众行为发生时，当事人可能出于寻求相对最有可能是正确答案的目的，这种动机指向的是事物，或者说是信息，当事人从众的目的基于对信息的判断，这被称为信息性从众；第二，当事人为了从众而从众，是人际关系的目的，也就是说，在当事人意识中或其所在的群体规范中，从众被认为是合群的体现，是融洽人际关系的体现，这被称为规范性从众[6]。"规范影响"迫使人们支持自己不相信的东西，甚至是反对的事情，特别是对于那些最近看过其他人因反从众被嘲笑的人而言，更易引起从众心理。在消费领域，信息性从众表现为消费者在选购自己不熟悉的产品时，向购买过或使用过的人咨询产品信息，将他们的意见作为重要参考，如果持相同意见的人达到消费者心理预期，消费者最后可能就会作出与被咨询对象一致的选择。因此，在规范性从众行为中，个体往往是被动的，是群体潜在规范或其意识中有这种规范压力驱使下的从众；而在信息性从众行为中，个体往往是主动的，是为了寻求更佳的信息，因为在个体评判意识中，多数人支持的一方更有可能是更佳的。

2.1.1.2 来源国效应

来源国效应研究的是，在消费者已知某产品来自某个国家的前提下，对于该产品的态度问题[7]，是指产品中与生产国家相关的信息对于消费者产品评价、态度以及购买意图的影响。来自经济发达国家的产品比来自经济较不发达国家的产品更受欢迎[8]。一些消费者认为，社会经济体制越灵活、越自由的国家，产品设计理念就越有吸引力[9]；工业越先进的国家，其产品技术含量也越高[10]；创新能力越强的国家，其产品设计也越前卫[11]；而无论是在工业化程度方面，还是在创新能力方面，广大发展中国家还有相当的差距，而其产品往往也会得到更多的负面评价[12]。随着研究的深入，消费者知识、产品类别以及以消费者民族中心主义为代表的民族情感[13]等因素的影响也受到了广大研究者的关注。虽然一些研究者试图通过对问卷的调整使其更能反映中国消费者的真实态度[14]，但消费者很难不受任何干扰地、诚实地回答问题，尤其是以从众心理为代表的消费心理的干扰。

消费者在购物时一般会有从众心理，当身边人都倾向于某国的品牌时，消费者不免要受到影响。这种消费从众心理已经得到广泛的关注。但在来源国效应领域，尚缺乏对从众心理的研究。原因主要是从众心理本身并不与来源国相关因素有密切的独特关系。换句话说，从众心理的影响既然已经在很多方面得到证实，那么在来源国效应领域的影响也是显而易见的，这一点暂且不去怀疑。但是，如果将从众心理按目的进行细分——信息性与规范性，就会使其与消费者知识产生紧密联系，信息性从众就是消费者为了追逐知识性信息而产生的从众行为，而消费者知识是来源国效应的重要影响因素。这样，消费者知识与信息性、规范性从众之间的关系放在来源国效应领域就很值得去研究，而来源国效应现有研究明显缺少对消费者心理的深入研究。

2.1.1.3　消费者知识与从众心理的关系

增加消费者经验，会使得消费者在与产品相关的任务中更加自信[15]。研究表明，个人能力越高的消费者越不倾向于从众。而在有关性格的研究中显示，越自信的消费者，越不倾向于从众。而自信作为一种心理特征，它也是建立在一定客观基础之上的，其中，个人能力就是自信的重要来源，而知识性的因素又是个人能力的重要组成部分。因此，个体的消费者知识越丰富，消费者就越自信，越不倾向于从众，但是，如果考虑到规范性动机，消费者可能也会选择从众。但是本书认为，在消费者的购物行为中，规范性动机存在的可能性很低。普通消费者的目的是选择物美价廉的商品，即使消费者跟随消费潮流，这种从众也属于信息性从众，因为消费潮流是一种消费趋势信息，在没有特殊情境的要求下，人际关系压力的存在性很小。当消费者知识相对匮乏的时候，表现出不自信，需要寻求他人帮助决策而倾向于从众，放弃原先的意见，转变立场[16]。至于性别因素，当今社会，女性和男性都承担着同样的责任与义务，所以性别差异这种观点在现代社会显得过时了，已有研究显示性别对从众影响不大[17]。因此，本书没有将性别因素纳入实证研究的样本中。

所以，本书作出如下假设：

H2-1：消费者知识对信息性从众有明显的负向影响。

H2-2：消费者知识对规范性从众有明显的负向影响。

2.1.1.4　从众心理与来源国效应的关系

对于在从众心理具有明显信息性动机的消费者而言，这类消费者不了解商品的详细信息，但他们相信跟随多数人的选择面对的风险最小。信息性从众的关键在于信息性，这个信息是指商品本身的信息。信息性从众越明显的消费者，就越在意商品本身的信息，而越不被诸如来源国等商品本身以外的信息所左右。而对于在从众心理具有明显规范性动机的消费者而言，他们从众的目的只是为了不被孤立，根据以往的研究，从民族文化的角度讲，东方集体主义文化背景下，个体更容易受到群体规范的影响，而体现在消费者品牌偏好上，就是消费者并不在意商品本身的信息，而是只要跟随大多数人就可以了。因此，规范性从众越强的消费者，受商品本身以外的信息影响越明显。

所以，本书作出如下假设：

H2-3：信息性从众对来源国效应有明显的负向影响。

H2-4：规范性从众对来源国效应有明显的正向影响。

2.1.1.5 消费者知识与来源国效应的关系

商品的国籍因素并不体现商品本身的效用，它是消费者评估商品的外部依据，如果消费者对商品本身了解得足够多，消费者相关的知识背景和经验足够丰富，对这种利用商品国籍的推测的需求就会减小[18]。研究发现，在发展中国家，当消费者对商品本身的特性不是很了解的时候，更喜欢关注商品的原产国或者是商品品牌的来源国，将对国别的认知和偏好作为评价商品的重要依据[19]。詹达（Janda）和拉奥（Rao）在 1997 年进行的研究认为，当消费者个人的相关知识越丰富，对于产品本身信息关注得越多，而受诸如品牌国籍这样的产品本身以外的因素影响的就越小，这类消费者认为，自己所拥有的知识与经验可以很好地通过产品本身的信息来做出选择，而只有那些对产品不了解的消费者才会通过品牌国籍等产品以外的信息来作出判断。

因此，本书作出如下假设：

H2-5：消费者知识对来源国效应有明显的负向影响。

2.1.2 对原产地效应影响的实证分析

2.1.2.1 问卷设计

为了保证问卷的信度和效度，本书主要使用过去文献使用的成熟量表，并加以适当修改。消费者知识、规范性从众、信息性从众和来源国效应量表各自都包括 5 个题项，具体题目如表 2 - 1 所示。问卷采用李克特 7 点测量法，即 1 为非常不同意、2 为不同意、3 为有些不同意、4 为一般、5 为有些同意、6 为同意、7 为非常同意。

表 2 - 1　　　　　　　　　　　　测量量表和信度分析

变量	问项	测量项目	Cronbach's α
消费者知识（CK）	CK1	和同学购物时，我总是比同学对商品了解更多	0.815
	CK2	我有足够的经验知识来支持我的购物行为	
	CK3	在购物前，我常会充分了解商品的相关知识	
	CK4	我在同学中，是购物方面的"专家"	
	CK5	寝室同学购物前总是咨询我的意见	
规范性从众（NC）	NC1	我喜欢和寝室同学在一起，不愿独来独往	0.806
	NC2	我喜欢和寝室同学一起去购物	
	NC3	和身边同学的购物习惯不同会让我很不舒服	
	NC4	只要情况允许，我总是希望得到寝室同学的建议	
	NC5	我在购物前总是希望得到寝室同学的建议	
信息性从众（IC）	IC1	寝室同学的建议一直是我处理一些事情的重要参考	0.840
	IC2	寝室同学的建议一直是我购物的重要参考	
	IC3	参考寝室同学的建议总能让我更放心地购物	
	IC4	我相信寝室同学会认真地向我提供购物建议	
	IC5	我相信寝室同学的建议对于我的购物将产生积极影响	
来源国效应（CO）	CO1	我在购买商品时会考虑商品的原产国	0.921
	CO2	原产国在我心目中的印象会影响我的购物	
	CO3	我相信国家的发达程度越高商品质量越好	
	CO4	我能辨别出多数常用商品的原产国	
	CO5	我在购买商品前喜欢先了解商品的原产国信息	

2.1.2.2　样本和数据来源

本书样本的选择需要突出两方面特征：一是如何确保从众环境的显著影

响；二是如何确保在今天的信息社会环境下，消费者知识能得到充分体现。考虑到这两个方面的特征，本书选择了高校在校学生作为调查样本。高校学生的生活以寝室为基本单位，这为本书的研究提供了一个良好的从众环境，寝室小群体成员的消费习惯在长时间的相互影响下，很容易形成某些共性或共同倾向[20]。同时，高校学生又是今天信息时代互联网社会最积极的参与者和信息受众群体，是今天社会中消费者真正拥有消费者知识的代表性群体之一。在互联网时代之前，消费者很难在购买商品前获得该商品的详细信息，坐在电脑前比对着商品间的各类特征已经成为新时代消费者获取知识的重要手段。如果从社会中选择各类职业人群作为样本，虽然覆盖范围较广，但样本中的上述特征参差不齐，这对研究会产生严重干扰。因此，本书选择了高校在校学生作为调查样本，共发放 500 份问卷，回收有效问卷 457 份。利用 AMOS 20.0 统计软件进行数据分析。表 2 – 2 为样本的基本情况。

表 2 – 2　　　　　　　　　受访学生统计情况

人口统计变量	项目	次数（次）	占比（%）
性别	男	236	51.6
	女	221	48.4
年龄	25 岁以下	285	62.4
	25～30 岁	129	28.2
	30 岁以上	43	9.4
教育程度	本科	214	46.8
	硕士	154	33.7
	博士	89	19.5
家庭年收入	低于 10 万元	291	63.7
	10 万～50 万元	153	33.5
	50 万元以上	13	2.8

2.1.2.3　信度和效度检验

本书在问卷设计方面，并没有引入具体产品，而是侧重对消费者消费经历的考察。面对不同的产品，消费者的行为倾向会有不同。例如，选择某个产品，不是所有的消费者在该产品上都考虑到原产地，但是显然，比率更高的情况是，更多的消费者在过去的消费经历中曾经考虑过原产地，只不过不同的消费者面对的产品类别可能是不同的。因此，本书侧重于考察基于消费者消费经历的在从众和原产地方面的感知。本书以 Cronbach's α 系数检验变量的信度，从表 2 - 1 中可以看出，所有变量的 Cronbach's α 系数均大于 0.8。因此可以判断，整个研究变量的内部一致性和稳定性相对较好，说明本书的问卷具有较好的信度。

在效度检验方面，一般认为，因子载荷量大于 0.4 就是有效的。表 2 - 3 中的各因子载荷值均远大于 0.4，因此符合效度检验要求。同时，其他各度量指标基本符合要求，问卷的效度较好，所设定的变量测量指标基本合理，因此可以进行下一步的分析与研究。

表 2 - 3　　　　　　　　　　　效度检验和验证性因子分析

潜变量	问项	因子载荷	T 值	p 值	平均抽取方差（AVE）	组合信度
消费者知识（CK）	CK1	0.775	12.502	***	0.534	0.675
	CK2	0.805	—	—		
	CK3	0.765	12.414	***		
	CK4	0.790	12.705	***		
	CK5	0.732	12.140	***		

潜变量	问项	因子载荷	T 值	p 值	平均抽取方差（AVE）	组合信度
规范性从众（NC）	NC1	0.767	—	—	0.697	0.806
	NC2	0.691	10.757	***		
	NC3	0.686	10.671	***		
	NC4	0.707	11.025	***		
	NC5	0.697	10.746	***		
信息性从众（IC）	IC1	0.908	—	—	0.727	0.827
	IC2	0.924	16.466	***		
	IC3	0.903	16.247	***		
	IC4	0.884	15.946	***		
	IC5	0.902	16.150	***		
来源国效应（CO）	CO1	0.769	12.383	***	0.533	0.733
	CO2	0.782	12.542	***		
	CO3	0.809	13.064	***		
	CO4	0.701	—	—		
	CO5	0.799	12.925	***		
验证性因子分析主要拟合指标	$\chi^2 = 236.130$ RMR $= 0.093$ CFI $= 0.931$ IFI $= 0.931$ NNFI $= 0.920$ RMSEA $= 0.085$					

注：*** 为 $p < 0.010$。

2.1.2.4 假设检验

本书各个潜变量测量指标的因子载荷均大于 0.5，符合标准，并都已达到显著水平。从表 2 - 3 可知，CFI $= 0.931$，IFI $= 0.931$，均大于 0.9，都是可以接受的。消费者知识、信息性从众、规范性从众和来源国效应的组合信度分别为 0.675、0.806、0.827 和 0.733，都大于 0.65；平均抽取方差分别为 0.534、0.697、0.727 和 0.533，都在 0.5 以上，各潜变量基本符合要求。综合以上指标，判定本书可以继续进行相应的假设检验。

从表 2 - 4 可以看到，消费者知识对信息性从众存在显著的负向影响，$\beta = -0.396$，$p < 0.001$，假设 H2 - 1 获得支持；消费者知识对规范性从众存在显著的负向影响，$\beta = -0.189$，$p = 0.028$，小于 0.050，假设 H2 - 2 获得支持。信息性从众对来源国效应存在显著的负向影响，$\beta = -0.477$，$p < 0.001$，假设 H2 - 3 获得支持；规范性从众对来源国效应存在显著的正向影响，$\beta = 0.267$，$p = 0.079$，小于 0.100，假设 H2 - 4 得到验证；消费者知识对来源国效应存在显著的负向影响，$\beta = -0.097$，$p = 0.045$，小于 0.050，最后假设 H2 - 5 也获得了验证。

表 2 - 4 假设检验结果

关系路径	β 系数	p 值	对应假设	显著性评价
消费者知识—信息性从众	-0.396	<0.001	H2 - 1	支持
消费者知识—规范性从众	-0.189	0.028	H2 - 2	支持
信息性从众—来源国效应	-0.477	<0.001	H2 - 3	支持
规范性从众—来源国效应	0.267	0.079	H2 - 4	支持
消费者知识—来源国效应	-0.097	0.045	H2 - 5	支持

2.1.3 消费者知识与从众心理和来源国效应的关系

本章以上部分的主要结论是：第一，消费者知识对信息性从众和规范性从众均有显著的负向影响；第二，消费者知识对来源国效应具有显著的负向影响；第三，信息性从众对来源国效应有显著的负向影响，规范性从众对来源国效应有显著的正向影响。在以上结论的基础上，本书通过讨论和分析得到如下新的认识。

2.1.3.1 消费者知识在减少非商品因素影响上作用显著

从众性影响和来源国效应在对于商品的选择上均不反映商品本身的信息，它们都不是商品的价格、质量等信息的直接表现，有研究将来源国形象地称为产品的独立外生属性[21]。本书在这里将这些因素统称为非商品因素。这类因素的存在丰富了市场竞争的层面，但对于商品本身因素占优的商家而言，事实上增加了竞争成本。因此，从长远角度来看，非商品因素在市场竞争中的过度活跃不利于市场的发展。也就是说，非商品因素刺激了商家把更多精力从提高商品性价比上转移到其他方面，或者说，给那些商品本身不占优的商家提供了竞争的机会。因此，市场上的非商品因素的减少更有利于市场的长远健康发展。从来源国效应的角度讲，产品常会受到生产国负面形象的影响[22]。尤其对于发展中国家而言，其产品往往使消费者联想到质量低下价格低廉，使发展中国家企业竞争成本大大增加[23]。而本书研究结果显示消费者知识对于从众性影响的降低、来源国效应的降低都有显著影响。这说明，消费者知识在对于减少非商品因素影响上能够发挥显著作用。当然，是否会有其他因素也能起到这种作用，甚至比消费者知识的作用更加显著，本书研究并未涉及，而且，消费者知识因素作用的发挥也可能受到其他因素的制约，尤其是情感性因素。因此，这方面的研究还有待进一步深入。

2.1.3.2 信息性从众是消费者商品国籍偏好从众的主要动机

从众从动机上划分为信息性从众和规范性从众，在本书中，涉及信息性从众的假设显著性更高。在没有特定情境的约束下，消费者从众性的主要动机是选择更符合自己需要的商品。当然，本书引入的仅是消费者知识和来源国效应因素，消费者知识反映的是消费者自身的情况，来源国效应反映的是商品的一种非自身信息。消费者购买商品首先考虑的应是商品本身的信息。今天市场上大量的国外品牌商品，很多消费者购买国外品牌的商品不一定是因为该商品的确带来了不一样的体验，而是受到一种从众心理的驱使。而这种心理建立在消费者对商品缺乏充分的了解，但又没有时间或没有精力或根本没有兴趣去了解的基础上。而如何解决这个问题，从众就是最直接的办法，也就是说，消费者从众是受到一种信息缺乏的驱使，而不是消费者是否在乎自己的选择是否合群。这也就意味着在来源国效应影响下，信息性从众是消费者从众的主要动机，比规范性从众的影响更显著。

2.1.3.3 从众心理也是来源国效应的重要影响因素

本书的核心内容或者说最终的落脚点在来源国效应上,将从众心理引入进来,并在消费者知识和来源国效应之间通过实证研究建立了相关联系。从理论层面,进一步完善了来源国效应的影响因素。从众性在各个领域是广泛存在的,在消费者行为的研究上也是有重要影响的,但在来源国效应影响因素的研究中,却没有得到重视,与其类似的因素——社会赞许倾向,社会赞许倾向类似于规范性动机的从众[24],曾被来源国效应的相关文献作为影响因素提到过,但也仅仅是在实证过程中作为需要考虑的因素而被提及,而不是在理论层面。而事实上,从众心理在国别因素对于商品偏好的影响中有着很重要的影响。来源国效应的影响因素一般包括消费者知识、来源国形象、产品类别、消费者民族中心主义、生活方式和民族情感、主观质量以及产品技术含量等,这些因素在以往有关来源国效应的文献中经常被提到,在这些因素对于来源国效应的影响上,研究者们有普遍的共识。从众心理和这些因素比较而言,更具有普遍性,也就是说,从众心理对很多领域都有影响,但也正是这种普遍意义,削弱了它在特定领域的重要性,而这种情况事实上影响了一些领域研究的完善性,如对来源国效应影响因素的研究。

2.1.3.4 营销建议

对于来自形象较差国家的企业,可以通过在消费者知识方面的诱导性宣传或广告策略,来削弱负面来源国效应的影响。消费者知识的提升虽然可以降低消费者对来源国的关注,但是消费者知识不是通过几次广告就能提升的。因此,需要企业通过广告或其他营销措施吸引消费者对知识性信息的关注。例如,来自欠发达国家的绿色食品,可以从健康饮食的角度做宣传,而回避生产地的落后形象。还有更明显的养生类电视广告,虽然这类广告有时会让人产生反感,但产生反感的同时也说明它的确赚足了关注度。这类广告时间很长,很多观众误把它当作讲解养生知识的电视节目,越看越投入,最后发现事实上是在推销某种养生保健品。这就是一种知识性信息诱导性宣传策略，它通过传播知识来引起关注。企业可以采用多种形式来实践这种营销策略，包括利用互联网发布视频，在相关的网络社区和论坛引导舆论，并积极利用一些正在发生的热点事件来植入一些可以引发关注的知识性信息。这些营销措施都可以有效降低消费者对负面来源国形象的关注，而提升对企业产品本身功效的关注。

本书将从众心理引入进来，并在消费者知识和来源国效应之间通过实证研究建立了相关联系。从理论层面，完善了来源国效应的影响因素。同时，本书研究也存在一定局限性，样本虽然比较典型，但取样范围比较狭窄，集中于高校学生，代表性不够。而且考虑的因素还比较少，来源国效应的影响因素还包括来源国形象、产品类别、消费者民族中心主义、生活方式和民族情感、主观质量以及产品技术含量等等，在纳入更多的相关因素后，本书的结论还能否成立，值得探讨。而且本书对从众心理的分析还是不够充分，仅仅选取了从动机角度对从众心理的划分，还有很多因素需要进一步分析，这些也是未来的研究方向和需要解决的问题。

2.2 消费者互动的作用

2.2.1 产地与产品的相互作用

原产地形象的形成是多种因素作用的结果，在这一过程中，消费者接受各类信息并通过时间的积累形成对某种产品与其原产地的固有印象。进入 21 世纪，互联网开始普及并深入人们的日常生活中，消费者通过查看评价、在论坛等平台上与网友们交流来获取信息。这种在互联网环境下的消费者互动对消费者的决策和行为已经产生了巨大影响。因此，对于原产地形象的研究，我们也需要将其放到新的互联网环境中展开新的思考。另外，我们这里使用的是品牌原产地。全球化的今天，很多产品都是由多个不同的国家和地区合作生产完成的。对于原产地，如果在概念上仅限于产品的生产地，显然已经不符合现实环境。因此，本书所研究的原产地，是指品牌的注册地，或者称为品牌原产地，即品牌的所属国家或地区。而且在现实环境中，也的确体现了这一趋势，即品牌的原产地对于产品的代表性更强。例如，苹果手机，我们说是美国的产品，但它在国内就有生产线，关键它是苹果这个公司的设计，而苹果是美国的品牌，因此就不难理解品牌原产地的重要性。我们在接下来的研究中提到的原产地均是指品牌原产地。

过去关于原产地形象的研究一般都是基于产品层面，研究聚焦于分析与产品相关的特定形象上[25]。在 2000 年以后，逐渐增加了关于整体国家形象的研究，将原产地形象划分为两个层面，即国家层面和产品层面，并认为来源国形象是针对国家层面而言的，而产品的原产地形象是针对产品层面而言的[26]。原产地形象的国家层面，是指消费者对某个国家或地区的整体印象。这种印象来自消费者所掌握的关于这个国家或地区的所有信息，以及根据这些信息所作出的所有推断。这些信息、推断以及最终的印象并不是完全与具体的产品相关，但是能够影响消费者的选择。而原产地形象的产品层面，是指消费者对某个国家或地区在具体品牌或产品上的印象。而且，国家层面与产品层面的形象并不总是一致的[27,28,29,30]。这种新的观点意味着我们看待原产地形象需要从两个层面来考虑：一是国家或地区层面的原产地形象；二是产品层面的原产地形象。如何理解这两个层面，对于国家或地区层面的了解相当于对原产地本身的认知，而对产品层面的了解则是对产品本身的认知，关键在于对这两者的认知从消费者的角度是需要紧密联系的，是"这个国家怎么样"与"这个国家的产品怎么样"的关系。本书则直接使用"原产地认知"与"产品认知"来表述。这是在原产地形象方面要引入的新情形。如果这两个层面不一致，哪一个对原产地形象的形成会有更显著的影响？原产地认知与产品认知的行为方是消费者。尤其在当前互联网时代，消费者能够获取大量信息。特别是在网络空间的消费者互动，可以尽可能回避商家的宣传，得到消费者认为相对可靠的参考信息。在这种情景下，会给消费者对原产地认知与产品认知带来什么样的影响。因此，接下来我们将聚焦于互联网环境下的消费者互动。

2.2.2　数字环境下的消费互动

互联网环境下的消费者互动是指消费者在网络社区等互联网虚拟平台环境中与其他消费者交流的过程[31,32]。这种交流不仅包括消费者之间的讨论，在更广的范围内，也包括消费者的浏览参阅。消费者即使没有发表任何意见，但是通过浏览其他消费者的观点，也获取了信息[33]。因此，互联网环境下的消费者互动从另一种角度讲是消费者与互联网的互动，是消费者与互联网提供的信息的互动，而这种互动形式则是对信息的回复或是对信息的吸收。同时，这种互动强调互联网信息的提供者同样也是消费者。

互联网环境下的消费者互动会带来消费者知识与经验的提升[34]。在网络虚拟交流平台中，很多有相似偏好的消费者能够无所顾忌地发言，积极参与讨论，发表自己的见解，寻求或提供解决问题的方法[35]。通过持续的交流，消费者的看法往往会受到他人观点的影响而经常会发生变化，出现很多新思路[36]。根据哈里加顿（Hargadon）等人的观点，消费者接受信息并被影响从而使观念发生改变的互动过程，可以具体地被划为：求助、获助、重新思考以及行为强化[37,38,39]。此类互动过程使消费者对新知识有了认知并促使其思考，最后有可能接受也可能拒绝。但这种从认知到思考再到判断的过程对于提升消费者知识水平意义重大[40,41,42]。这种互动在现实环境中也会存在，但互联网环境中拥有更多的可互动的消费者，他们来自不同的行业、拥有不同的经验，通过互动来提供、获取甚至是创造新的想法，使得网上消费者获取知识的能力远远超过线下消费者[43,44]。这一过程极大丰富了消费者知识，消费者相关的知识背景和经验足够丰富，对利用商品国籍的推测的需求就会减小[18]。巴特拉（Batra）等人通过实证研究发现，在发展中国家，当消费者对商品本身的特性不是很了解的时候，更喜欢关注商品的原产国或者是商品品牌的来源国，将对国别的认知和偏好作为评价商品的重要依据[19]。研究显示，国家信息更容易对知识缺乏的消费者产生影响。这意味着，消费者知识的提升会使消费者减少对原产地的关注，而增强对产品本身的认知，进而对产品本身认知的增强将使消费者利用原产地判断商品的需求进一步减小，因此，使消费者更加不关心原产地信息。

互联网环境下的消费者互动还会带来消费者从众性的提升。微博以及网络上的各种论坛都是信息传播的高效载体。近年来，突发事件经过互联网披露后会获得大量关注，很大程度上是因为互联网新闻受众从众心理的作用[17]。受众在论坛或微博聚集时，若有人散播某些信息，人们很容易相信并进一步传播。很多时候即使人们不相信，但只要信息有足够的吸引力，也会得到大家的传播。当信息的受众群体规模越来越大时，就会对接触信息的新的个体或群体形成一种压力，人们会趋向于和群体保持一致[45]。个体一般不愿被群体孤立。同别人拥有一致的行为或观点，会使个体产生一种安全感[46]。这种安全感在消费行为中就会表现为，跟从大家的对某一产品的态度总不会出大问题，而使消费者越来越不重视自己的判断，事实上造成一种判断惰性[47]。在与原产地有关的消费者行为中，很可能表现为对原产地和产品都缺乏自身的认知，而主要依赖于网络上大多数消费者的建议。

2.2.3　关于消费者互动与原产地形象关系的假设

根据前文分析，互联网环境下，消费者互动的增强将会显著增加消费者的知识与经验。但由于互联网环境下的消费者互动的这种形式使消费者很容易看到大量其他消费者的态度和意见，能够获得大量参考信息。这种信息的丰富程度很容易使消费者产生从众心理，认为好评度高的商品就应该差不了。基于这种分析，作出如下假设：

H2-6：互联网环境下的消费者互动越多，消费者获取的知识越多。

H2-7：互联网环境下的消费者互动越多，消费者从众性越强。

消费者知识的丰富对原产地效应而言，消费者会减少依赖原产地来判断商品，这样对原产地的关注就会下降，而消费者知识的增加自然会提高对产品的认知，并导致进一步忽视原产地，从而形成一种循环。但是消费者从众性的增强很可能使其盲目跟从大多数人，而忽视自身对原产地和产品的认知。因此，作出如下假设：

H2-8：消费者知识越丰富，其对原产地认知越淡漠。

H2-9：消费者知识越丰富，其对产品认知越关注。

H2-10：消费者从众性越强，其对原产地认知越缺乏。

H2-11：消费者从众性越强，其对产品认知越缺乏。

消费者对于原产地了解得越多，越有利于原产地在消费者心目中形成某种印象，有利于品牌原产地形象的形成。而消费者对于产品了解得越多，往往会使消费者减少对外部因素的关注，如原产地等。因为普通消费者在购物时大多关注的是产品的使用价值，这样也就不利于原产地形象在消费者心目中的形成。当然，也有很多消费者关注产品的知名度，这种关注事实上很大程度上属于前文提到的从众性问题，而从众性又如前面假设 H2-10 和假设 H2-11 所提到的，可能带来消费者对原产地认知的缺乏，进而也导致原产地形象在消费者心目中的形成变得困难。因此，可作出如下假设：

H2-12：消费者对原产地的认知越充分，品牌原产地形象在其心目中的形成越容易。

H2-13：消费者对产品的认知越充分，品牌原产地形象在其心目中的形成越困难。

根据以上分析和假设，消费者互动对品牌原产地形象的影响，将首先通过影响消费者的知识和从众性，然后消费者的知识和从众性分别对消费者原产地的认知和产品的认知产生影响，最后，消费者对原产地的认知和对产品的认知将同时作用于品牌原产地形象在消费者心目中的形成。由此，构建假设模型如图 2-1 所示。

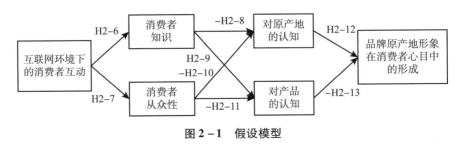

图 2 - 1　假设模型

注：假设代号前的负号代表负相关关系。

2.3　消费者互动与原产地形象关系的实证分析

2.3.1　研究样本与测量工具

2.3.1.1　研究样本

由于设定的研究情景是互联网环境，因此，必须尽可能地保证调查对象在日常生活中与互联网有较多的接触。为达成此目的，我们决定尝试以网络为载体发放调查问卷，使用目前网络上知名的问卷星系统。问卷星是一个专业的在线问卷调查平台，具有快捷易用的明显优势。在问卷星平台设计好问卷后再通过 QQ 等网络社交平台进行传播收集。在线调查平台的使用自然地设定了一个前提，即能参与我们调查的对象至少是使用互联网社交平台的。由于年轻人与网络接触更多，所以对于样本的选择，集中于青年群体，包括高校学生、企业年轻雇员以及事业单位的年轻职员。对于问卷质量的保障，一直是网络调查面对的突出问题。一般认为，网络在线调查无法实现有效监督，甚至无法保证是否由不同的人填写问卷。因此，我们为保证问卷的质量，充分利用在哈尔滨以及全国各地的人际资源，采用在定点单位进行随机调查，而不是随机地在网上散布问卷。具体做法是，通过在该单位的联系人，从该单位随机抽取被调查者，然后将问卷在线发送给本人，在该单位联系人统一组织和监督下，完成在线填写问卷。同时，为保证样本的丰富，在导师、同学和朋友的大力帮助下，我们选择了哈尔滨的 10 家企事业单位。最后，通过问卷星平台回收有效问卷 628 份。

2.3.1.2 测量工具

本书参考以往相关研究的量表，结合本书研究实际情况，设计并验证了包含 24 个题项的量表，如表 2 - 5 所示，使用 SPSS 20.0 软件进行统计分析显示所有 Cronbach's α 系数都大于 0.8，测量问卷在信度方面是合格的；同时，各因子负荷都大于 0.7，符合效度要求。

表 2 - 5　　　　　各变量的测量题项、因子负荷和 Cronbach's α 系数

变量	测量题项	因子负荷	Cronbach's α
互动	1. 你在网上购物时，会看其他消费者的评价吗	0.834	0.903
	2. 你在网上购物时，会在有关的虚拟社区与其他消费者交流吗	0.917	
	3. 你在网上购物时，其他消费者的评价是你重要的参考吗	0.875	
	4. 网上与其他消费者的交流对你的消费行为是否产生了重要影响	0.853	
知识	5. 你在网上与其他消费者交流，对自己的消费知识是否有显著提升	0.871	0.912
	6. 你在网上与其他消费者交流，是否会得到一些独特的消费知识	0.904	
	7. 你在网上与其他消费者交流，是否会让自己对商品了解得更全面	0.903	
	8. 你在网上与其他消费者交流，是否让自己在购物时变得更加自信	0.915	

续表

变量	测量题项	因子负荷	Cronbach's α
从众	9. 你在网上与其他消费者交流而得到的信息是可信的吗	0.791	0.813
	10. 你在网上与其他消费者交流，自己的消费想法是否会被别人引导	0.785	
	11. 你在网上与其他消费者交流，多数人所持的观点总是最佳的吗	0.804	
	12. 你在网上与其他消费者交流，目的就是为跟随大多数人的选择吗	0.787	
原产地	13. 总的来说，对于自己熟悉的品牌，你大多能识别它们所属的国家或地区吗	0.899	0.894
	14. 对于熟悉的品牌所属国家或地区，对这些国家或地区有充分的了解吗	0.856	
	15. 是否有一些品牌，你喜欢用它们的所属国家或地区来判断优劣吗	0.891	
	16. 当你依据原产地来评判商品时，你对该国家或地区了解得多吗	0.881	
产品	17. 对于常用的品牌，你对这些品牌下的产品特性有充分的了解吗	0.895	0.907
	18. 你倾向于通过产品外在特性（知名度、原产地等）来判断优劣吗	0.876	
	19. 你倾向于通过产品本身的特性（质量、价格等）来判断优劣吗	0.918	
	20. 你总是在对商品性能有充分了解的前提下去选择商品吗	0.889	
形象	21. 你对某些国家或地区的产品，是否形成了刻板印象	0.923	0.904
	22. 你认为对某些国家或地区的产品的刻板印象容易形成吗	0.912	
	23. 对于偏爱的产品，你对所属国家或地区刻板印象容易形成吗	0.896	
	24. 产品召回事件影响你对自己喜欢的品牌的态度吗	0.889	

2.3.2 假设检验结果

2.3.2.1 消费者互动对消费者知识和消费者从众的影响

相关分析结果摘要如表 2 - 6 所示，相关性均在 0.9 以上，因此，消费者知识和消费者从众分别对于消费者互动的关系得到初步验证。

表 2 - 6 消费者知识和消费者从众分别对于消费者互动的相关分析结果

项目	消费者知识	消费者从众
相关系数	0.957	0.939

标准化后的回归分析结果摘要如表 2 - 7 所示，进一步证实了互联网环境下的消费者互动分别对消费者知识和消费者从众有显著的正向影响。

表 2 - 7 标准化后的回归方程系数及显著性检验

项目	回归系数		T		Sig.
	消费者知识	消费者从众	消费者知识	消费者从众	
消费者互动	0.975	0.954	9.626	10.735	0.000

2.3.2.2 消费者知识、消费者从众分别与消费者对原产地认知、对产品认知的关系

相关分析结果摘要如表 2 - 8 所示，消费者知识与消费者对原产地认知相关性不足，消费者从众与消费者对产品认知相关性不足，消费者知识与消费者对产品认知存在显著的正相关关系，消费者从众与消费者对原产地认知存在显著的负相关关系。

表2-8   相关分析结果

项目	相关系数	
	消费者对原产地认知	消费者对产品认知
消费者知识	-0.474	0.819
消费者从众	-0.837	-0.326

在相关分析基础上，分别对消费者知识与消费者对产品认知、消费者从众与消费者对原产地认知的关系进行回归分析，标准化后的回归分析结果摘要如表2-9和表2-10所示。表2-9是消费者从众与消费者对原产地认知的回归分析结果，消费者从众与消费者对原产地认知的负相关关系得到进一步证实；表2-10是消费者知识与消费者对产品认知的回归分析结果，消费者知识与消费者对产品认知的正相关关系也得到了进一步证实。

表2-9   标准化后的原产地认知对于消费者从众的
回归方程系数及显著性检验

模型	回归系数	T	Sig.
消费者从众	-0.817	-9.407	0.000

注：因变量——消费者对原产地认知。

表2-10   标准化后的产品认知对于消费者知识的
回归方程系数及显著性检验

模型	回归系数	T	Sig.
消费者知识	0.863	10.203	0.000

注：因变量——消费者对产品认知。

2.3.2.3 消费者对原产地认知、对产品的认知与原产地形象的关系

相关分析结果摘要如表 2 – 11 所示，消费者对原产地认知与原产地形象的形成存在显著的正相关关系，消费者对产品认知与原产地形象的形成存在显著的负相关关系。

表 2 – 11　　　原产地形象对于消费者原产地认知和产品认知的相关分析结果

变量	相关系数
原产地认知	0. 946
产品认知	− 0. 803

标准化后的回归分析结果摘要如表 2 – 12 所示，消费者原产地认知对原产地形象的形成影响最大，且为正相关关系，产品认知的影响次之，且为负相关关系。

表 2 – 12　　　标准化后的原产地形象对于原产地与产品认知的
回归方程系数及显著性检验

模型	回归系数	T	Sig.
原产地认知	0. 897	11. 737	0. 000
产品认知	− 0. 695	− 0. 806	0. 000

注：因变量——原产地形象。

2.3.2.4 假设验证结果汇总

为方便直观，本书将假设验证的结果汇总成图 2 – 2。

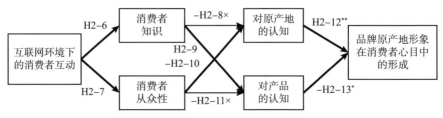

图 2 - 2　假设验证结果

注：×代表不成立，加粗的箭头代表成立的关系，假设代号前的负号表示负向关系，✱✱表示影响程度最大，✱表示影响程度次之。

2.3.3　对原产地形象感知的结果讨论

通过上文的实证，对于原产地认知，形成了"消费者互动→从众性增强→原产地认知变弱→原产地形象形成困难"这样一条路径，即对原产地形象形成起重要作用的原产地认知影响变弱，具体如图 2 - 3 所示。

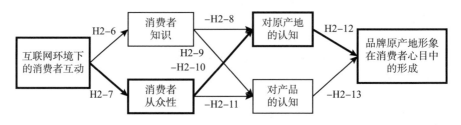

图 2 - 3　以原产地认知为关注点的消费者互动与原产地形象关系路径

注：加粗部分代表关系路径；假设代号前的负号表示负向关系。

对于这样的关系，作出如下解释和讨论：

（1）消费者互动对消费者从众的正向作用被证明是成立的。这种正向作用也是日常生活中消费者从众心理在互联网环境中的体现。不同的是，互联网以其虚拟化的平台和庞大的信息量更容易使消费者产生从众心理，因为虚拟化使消费者无法了解对方的真实身份，对方可以通过虚拟信息进行包装，使其对消费者的吸引力和影响力大增。

（2）消费者知识对原产地认知的反向作用被证明是不成立的。虽然消费者知识增加了消费者依据产品自身属性判断商品的能力，但不一定就会减少对原产地的认知，两者之间被证明并不存在紧密的相关性。因为本书设定的消费者知识是指与商品购买、使用紧密相关的内容。原产地信息是否作为消费者知识的一部分，取决于消费者对原产地与产品相关性的态度。所以说，消费者知识与原产地认知的关系研究还需要增加具体的条件。

（3）从众性对原产地认知的反向作用被证明是成立的。这说明对于产品自身属性以外的产品特性，消费者宁愿选择依靠多数人的判断，而不是去选择增强自己在这方面的知识。这种倾向也容易理解，因为消费者购买产品时更多关心的是产品的使用价值、性价比等特征，这些特征是消费者知识的代表性内容，而对于不直接影响产品使用的原产地等外部特征，消费者会认为没有必要去特意了解，选择从众去跟随多数人的选择更省时省力。

（4）原产地认知对原产地形象形成的正向作用被证明是成立的。相对于产品认知，原产地认知的影响更为显著。这是原产地认知本身与原产地形象在内容上的紧密联系的直接体现。

2.3.4　对产品感知的结果讨论

通过前文的实证，对于产品认知，则形成了"消费者互动→消费者知识增强→产品认知增强→原产地形象形成困难"这样一条路径，即对原产地形象形成起反作用的产品认知影响变强，具体如图 2 - 4 所示。

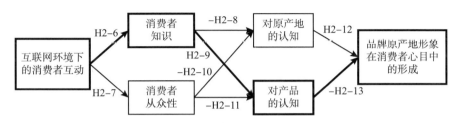

图 2 - 4　以产品认知为关注点的消费者互动与原产地形象关系路径

注：加粗部分代表关系路径；假设代号前的负号表示负向关系。

对于这样的关系，作出如下解释和讨论：

（1）消费者互动对消费者知识的正向作用被证明是成立的。正如前文在提出该假设前所做的分析一样，消费者互动在互联网环境下，已经成为消费者获取知识的重要途径，并赢得了消费者的极大信任。在此基础上，各类品牌社区、点评论坛等虚拟平台人气大增，消费者的知识得到极大丰富。

（2）消费者知识对产品认知的正向作用被证明是成立的。这一点很容易理解。因为本书的消费者知识主要指与商品购买、使用紧密相关的内容。所以，对于产品认知的提升是显而易见的。对该项的证明与成立仅是研究环节的必要组成部分，但不是重点，故这里不再赘述。

（3）消费者从众性对产品认知的反向作用被证明是不成立的。消费者从众的目的需要进一步研究。如果从众是为了合群，那么消费者可能会忽视对产品的认知；如果从众是为了获取更加准确的信息，那么这就意味着从众会加强消费者对产品的认知。因此，直接研究从众和产品认知的关系，结果被证明是不相关的，从众需要就目的进行细分。

（4）产品认知对原产地形象形成的反向作用被证明是成立的。如果消费者对产品本身的认知增强，并足以据此选择合适的产品，消费者就会忽视或淡化原产地的作用，而这种忽视与淡化很可能使产品与原产地的关系在消费者心目中变得越来越疏远。而原产地形象的形成是建立在产品与原产地紧密关系的基础上的，没有产品，无所谓产地。因此，当产品与原产地的联系不再紧密时，原产地就很难在消费者心目中形成刻板印象，消费者对原产地刻板印象的形成就变得更加困难。

从以上被证实的两个路径，我们可以看到，无论是从原产地认知的角度，还是从产品认知的角度，互联网环境下的消费者互动最终带来的都是原产地形象形成的困难。这里我们要特别强调"刻板"一词。短暂、多变的形象也是一种形象。"刻板"强调的是不易改变的固有印象。互联网环境下的消费者互动带来的根本变化是消费者面对的信息不再是刻板的，而是复杂多变且异常丰富的。消费者比以往更有条件深入了解某个产品。在这一过程中，产品的自身特性更能吸引消费者，这也回归了产品本应具有的职能，也就是使用价值。这使像原产地这样的外在因素作用变弱，也反映出消费者的自信心在增强。

2.4 本 章 小 结

2.4.1 原产地对于消费者的影响将更加体现产品自身属性特征

实证研究表明，互联网带来的是消费者对产品的认知更加充分，消费者对于依赖原产地这样的外在因素判断产品的需求在降低。商品与原产地往往存在某种相互依赖的关系。这种关系表现为产品能否体现原产地的优势，以及原产地能否为产品带来优势。在消费者知识水平不断提升的今天，这种优势需要更加体现产品自身的内在属性特征。某品牌牛奶与内蒙古草原的联系，对于消费者而言，可能要比某品牌手机与美国硅谷的联系重要得多。因为内蒙古草原意味着纯天然原生态环境，意味着绿色无污染，消费者认为这种环境下成长的奶牛产的奶质量更高，而且这种质量直接关系到饮食安全与健康。但对于手机，美国硅谷作为电子产品前沿科技的代名词，能提供的技术并不是消费者所关心的，也就是说，这种原产地优势是隐性的，消费者关心的是手机使用时的实际体验。现在很多国产品牌手机做得很好，但其技术水平并不见得很高，核心元器件仍需要外购，但消费者并不关心这些问题，他们关心的是手机实际使用时的性能。所以，原产地优势的影响需要建立在消费者所关心的产品特征基础上。

2.4.2 企业基于原产地的形象塑造要更贴近产品的使用价值

互联网带来的消费者知识的丰富使得人们的消费行为更加务实，使得原产地的作用在弱化，企业利用原产地形象为自身增光添彩也会变得更加困难。

因此，企业在利用原产地进行形象塑造时也同样需要更加务实。以"欧洲设计""日本技术""美国品牌"为特点的口号式广告宣传对消费者的吸引力在降低，消费者更关心的是产品能够带给他什么，能否给他所需要的价值。这意味着，原产地形象不是从事任何行业的企业都能利用的。如上文所提及的手机这一类电子产品，虽然其核心技术（芯片等）多数被少数几个发达国家所垄断，但这种技术性的东西不易被消费者直接感知。所以我们能听到消费者议论"三星手机""苹果手机"这类直接以品牌冠名产品的称谓，但很少听到"韩国手机""美国手机"这类以国别冠名产品的称谓，可却能更多地听到"韩国化妆品""韩剧"这类以国别冠名的称谓。因为这类产品能被直接感受的使用价值与原产地有更紧密的联系。所以，企业基于原产地的形象塑造要更贴近产品的使用价值。

我们的研究主要是在新的互联网情境中探索原产地效应的新情况，属于理论研究的初期探索。因此本章从设计到实证，都是从广泛意义的角度进行探讨，没有对消费群体进行区分，也没有划分产品类别。通过对研究结果的讨论可以看到，对于原产地形象形成困难的趋势，事实上需要通过对具体类别产品展开具体研究。在使用价值上与原产地有紧密联系的产品可能并不呈现原产地形象形成困难的趋势。而哪些产品更容易使消费者感受到其与原产地的紧密联系，还需要我们展开进一步的研究。

第 3 章

数字环境下消费者对农产品
原产地偏好的分析

3.1　数字环境对消费者原产地认知的影响

3.1.1　数字环境下的原产地信息

进入 21 世纪，互联网开始普及并深入人们的日常生活中，包括消费者在内的市场上的各类参与方发布和获取信息的渠道大幅增加，消费者能够更全面、更深入地了解一款产品的情况。任何对消费者行为的研究都无法忽视互联网带来的巨大影响。对原产地的研究也是如此。另外，我们这里使用的是品牌原产地，全球化的今天，很多产品都是由多个不同的国家和地区合作生产完成的，跨国企业是这一趋势的积极推动者。对于原产地，如果在概念上仅限于产品的生产地，显然已经不符合现实环境。因此，本书所研究的原产地，是指品牌的发源地，或者称为品牌原产地，即品牌的所属国家或地区[48]。而且在现实环境中，也的确体现了这一趋势，即品牌的原产地对于产品的代表性更强。例如，苹果手机，我们说是美国的产品，但它在国内就有生产线，关键是，它是苹果这个公司的设计，而苹果是美国的品牌，因此就不难理解品牌原产地的重要性。我们在接下来的研究中提到的原产地均是指品牌原产地。

消费者对于原产地的态度研究是原产地效应研究的基础。由于当今产品设计组装等环节经常不在同一国家或地区发生，而品牌的影响日益增大，所以目前原产地研究倾向于采用品牌原产地。原产地效应指品牌原产地形象给消费者对产品的评价及其购买决策所带来的影响，也就是说，消费者存在对某一原产地产品的刻板印象。关于消费者对于原产地形象的刻板印象在 20 世纪 80 年代曾得到学界的关注。当时的研究集中在原产地效应的存在性上。通过让美国消费者选择来自经济发展程度不同的国家的多种产品，研究表明在美国消费者中存在对原产地的刻板印象，而且对发达国家的产品有明显偏好。还有通过对荷兰与意大利消费者的研究，也证明了原产地效应的存在，并确实对消费者的选择有显著影响[49]。但在以后的研究中，原产地效应存在性问题涉及的就不多，而是将重点集中在将更多因素纳入原产地效应影响因素研究中，研究的深度与广度不断提高。这一研究趋势是建立在 20 世纪 80 年代原产地效应存在性研究的基础上的，这也意味着，当前的研究主要是在默认消费者存在对某一原产地产品的刻板印象这样一个前提下进行的。但是，互联网的普及极大地增加了消费者获取的信息量，这些信息不仅是丰富的，更是复杂多变的，这为原产地研究带来了新的情境和问题。

互联网环境的复杂性使消费者面对原产地信息时出现了新问题，当消费者很容易可以在网上查到原产地信息时，商家也很容易利用互联网加大原产地宣传，这种宣传也许不是虚假的，但很可能具有迷惑性[13]。同时，消费者之间的网上交流也成为重要影响因素。

3.1.1.1 互联网环境对原产地信息识别的影响

消费者能否识别一个品牌的所属国，这在互联网时代，对于一个消费者来说是很轻松的问题，如果不知道某个品牌是哪个国家的，上网一查便知。所以说，在互联网时代，除非消费者根本不关心品牌原产地，只要消费者想知道原产地，就可以很容易查到。但是，当前市场上的另一个趋势在抵消原产地易识别的趋势。如果一个美国品牌的产品起了一个具有浓厚中国文化气息的名字，而只在最不起眼的产品信息栏中以很小的字体体现美国品牌。消费者对此会是什么反应呢。如果这种宣传形式遍布于网络购物中，又会有什么效果呢。对于不在意原产地的消费者，这种产品在利用消费者的民族感情[14]，对于特别在意原产地的消费者，这也许只是另一个美国产品而已。对此，国内学者庄贵军提出"品牌原产地困惑"这一概念，指本土品牌被消费者误认为是海外品牌，或者是海外品牌被误认为是本土品牌[50]。对于这种困惑，有两类因素会产生重要影响：一类因素是在购买者认知方面，如对原产地的识别能力、关注程度以及记忆力等，这类因素是内生性的；另一类因素是企业的"误导"，这种"误导"可能是有意的，也可能是无意的，有些企业为提高品牌和产品的知名度，会采用原产地迷惑战术，这类影响因素是外生性的。企业在品牌命名方面，也经常会采用"洋化"和"本土化"战术[51]。品牌命名的"洋化"是使品牌名称无论是商标设计还是读音都更像是海外品牌；而品牌命名的"本土化"则是让品牌名称更符合市场当地的文化特点，使消费者感觉更加亲切，并进一步产生积极的购买态度。这类情形会使得消费者对产品原产地发生严重误判，甚至影响一些实证研究，因为消费者在实证调查中所体现的对某一个原产地产品的偏爱，很可能基于一种错误的原产地认知。而在互联网环境中，这些趋势很可能会被进一步放大。

3.1.1.2 互联网环境下的消费者互动

互联网环境下的消费者互动是指消费者在网络社区等互联网虚拟平台环境中与其他消费者交流的过程[52]。在传统实体商品市场上，消费者能够面对商品实体，与朋友、其他消费者当面进行交流，以增加对商品的认知，这类渠道获取的信息比较准确，更贴近实际。而在虚拟的网络购物中，消费者参考的是购买者对商品在网上的评论。而这些评论反映的主要是购买者的主观感受。一般来说，只要没有明显的质量问题，很多消费者都会给商家好评，也有很多消费者根本不会去做任何评价，而更值得关注的是，感觉商品不好的消费者往往是参与商品评价的最积极群体。因此只从网上评价来衡量商品是不够公平的。另外，也存在一些网站雇人给商品写好评以诱导消费者的情况。因此，这些情形在原产地信息的传播上，会使消费者接受的原产地信息异常复杂，进而对消费者对原产地的态度产生影响。

3.1.2 消费者对原产地的认知

根据以上分析，对于互联网环境下的原产地信息对消费者态度的影响问题，已经呈现出这样一个基本关系，即互联网环境带来的新的购物情境影响消费者对产品原产地信息的认知，并进一步影响消费者对于原产地的态度。消费者与互联网的互动程度与其对原产地信息的认识有何种关系。本书将从三个方面考察消费者对于原产地信息的认知：一是消费者观念中的产品与原产地的联系的紧密程度，可以称其为相关度；二是消费者自认为对原产地的识别度，即消费者在没有直接看到原产地标注的情况下能否识别品牌原产地；三是消费者认为相关产品提供的原产地信息的清晰程度，即产品是否清晰地标注了产地信息。

3.1.2.1　产品与原产地的相关度

产品与原产地的相关度体现的是，消费者将相关性作为一种消费决策的前提性认知，即原产地与产品究竟是否相关决定着消费者在购物时是否要考虑原产地。如果消费者持肯定态度，就会在消费时考虑原产地因素，并且不仅是被动地被原产地信息所刺激，而且也会主动地关注，因为消费者已经认可产品与原产地的相关性。

3.1.2.2　原产地信息的识别度

对原产地信息的识别度能激发消费者被原产地信息所刺激，而对引发主动关注的作用不足。识别度体现的是消费者对原产地的熟悉程度，能否识别品牌的所属国或地区。消费者对原产地信息识别度越高，关注度不一定就会提高，关键在于消费者的主动性是由什么来激发的，消费者更在意的是上面所提到的相关度，也就是说，即使消费者能够识别原产地，但在消费者看来，其与产品的相关性不强，所以很难引起主动关注。

3.1.2.3 原产地信息的清晰度

原产地信息的清晰度依靠的是原产地信息的具体呈现方式，其对消费者的影响是有限的。对于消费者而言，对原产地的关注往往不是清晰度能引发的。如果消费者注重原产地，但是原产地信息不清晰，无法判断原产地，消费者可能选择的是，会到互联网环境下的消费者互动中获取信息。而如果原产地信息是清晰的，则要取决于我们在上文讨论的相关度，即消费者认为原产地是否能充分说明或代表其要购买产品的质量或消费者所关心的某种产品属性。清晰度影响不足，也意味着相关度在消费者态度影响因素中的分量进一步加重。

3.1.2.4 消费者互动是互联网环境下影响消费者原产地认知的重要因素

互联网环境下消费者互动的重要性，正如在日常生活中，我们喜欢从朋友和熟人那里打听一些事情的现象广泛存在一样。消费者更愿意相信同为消费者的网友们的意见或建议，而媒体或企业可能多少都有其他目的，不容易得到消费者的信任。而体现在原产地认知领域，就是消费者在原产地信息方面与消费者互动越多，消费者对原产地的认知越强。这一点说明，在互联网环境中，消费者互动在原产地效应研究领域同样发挥着重要作用，其已经成为互联网时代消费者获取信息的最重要手段之一。对于我们在新环境下研究原产地效应有重要意义。

3.1.3 数字环境对于原产地形象塑造的作用

3.1.3.1 在互联网环境中积极介入到消费者互动中对于企业有积极作用

从上文的讨论中，我们可以看到今天的互联网环境中消费者互动的重要作用。处于这种环境中的企业应该积极利用互联网，在对消费者影响最大的消费者互动中发挥引导作用。今天的网络舆论非常强大，如何将网络舆论向有利于自己的方向引导，需要企业认真应对。从原产地的角度讲，如果某企业的产品和原产地拥有紧密联系，那么企业可以通过在网络上制造热点，或借助热点，塑造消费者互动的关注点。消费者互动比企业宣传更有吸引力和说服力，这类似于口碑营销，只不过这发生在互联网环境中。互联网对于消费者带来的最大利益是消费者可以更容易获取产品的各种信息，信息来自厂家、商家以及消费者等各类渠道。环境的变化要求企业的宣传策略也要随之变化。这里仅举一例，利用互联网信息传播来吸引消费者的典型营销策略之一是知识营销，企业向消费者传播与企业相关的知识，提供知识服务，满足消费者个性需要，提升顾客满意，使消费者产生认同感，以实现由知识创造市场。知识营销的目的不仅仅是销售商品，其目的远高于销售商品，而是将企业的发展融入社会的发展中，知识营销有助于提升消费者素质、有助于推广企业文化、有助于促进社会和市场环境进步。不仅能够推广商品、提升品牌形象，对于发展中国家的企业，还能够规避负面原产地形象带来的不利影响。

3.1.3.2 原产地研究对于企业的形象塑造具有广泛的现实意义

我们所进行的原产地研究，引入的要素可能不仅适用于原产地领域。例如，消费者互动的作用，在原产地以外的领域，相信其同样会发挥重要作用，但仍需要展开具体研究。因此，原产地研究探索的是消费者原产地态度与产品态度的关系，从广泛意义的角度来说，是企业的形象塑造问题。所以，原产地本质上研究的是一种企业形象，这种形象来自企业与原产地的关系以及原产地自身的形象。过去对原产地的研究虽然引入了很多影响因素，如民族情感、产品类别等，但这些研究更多的是强调一种固有观念，即消费者长期持有一种原产地刻板印象，这种印象不易改变。原产地效应的基本作用关系是原产地态度影响产品态度，如果将原产地效应的作用关系再向前推导，探索一些新的影响因素，消费者对原产地的认知和态度可以随这些因素的变化而变化。这意味着，在当今社会，由互联网带来的信息爆炸式增长，刻板观念的形成和保持将变得极为困难。因此，对于新兴企业、后发企业或者一直深受原产地负面形象影响的企业而言，有利于打破传统观念对消费者的束缚，重新塑造自己的形象。

我们的研究主要集中于在新情境中探索原产地效应的新情况，因此属于理论研究的初期探索。对于互联网环境的选取还不够具体，消费者互动还包含着多种具体形式。因此，对于互联网环境还需要具体问题具体分析，需要在将来进一步展开研究。

3.2 消费者本地意识、品牌特性 与农产品原产地偏好的关系分析

3.2.1 数字环境下的消费者本地意识

本地意识，是一个动态的、不断建构的文化观念，是衡量一个地区的文化的主要标志。随着研究的扩展，在消费行为领域，出现了消费者对产品的选择与本地意识研究的结合，本书将消费者行为领域的"本地意识"定义为：一个地区的消费者出于对本地的热爱以及对外地商品可能给本地利益造成伤害的忧虑而对本地企业的品牌之认同和推崇的程度。

在学术研究领域，国货意识常常被冠以"消费者民族中心主义"之名[53,54]。与之相对应，本地意识实则为"消费者地区中心主义"。在国际上，国货意识及其对于消费者行为的影响是消费行为研究的一个重要方向，已经有诸多研究成果。但是对于本地意识在消费行为领域的研究还很鲜见，而在国内就更少见了。国内的消费者区域差异研究相对起步较晚，刘世雄于 2005 年证明我国不同地区的消费者文化价值存在显著性差异[55]。阳翼在 2007 年以省份为基本单位，并证明地区间消费者在若干种个人价值观上存在显著差

异[56]。本书选择农产品作为研究对象，一方面是因为中国作为农业大国，市场供需规模大，农产品是消费者生活必需品，复购率很高；另一方面是随着产品生产分工的细化，很多产品的原产地早已不清晰，农产品恰恰是今天各类商品中与原产地联系最为紧密的一类。

另外，本书研究的消费群体限定为网络顾客。一方面，是因为网络购物已经成为消费的重要途径；另一方面，是因为互联网为消费者提供了大量产品信息，消费者对于产品的了解，包括对于品牌原产地的了解，比过去要容易得多，互联网在很大程度上缩小了商家与消费者之间的信息不对称。而原产地效应发生的最直接推动因素是原产地信息的传播，也就是消费者对原产地能否认知。因此，选择网络顾客可以将消费者对原产地信息认知的缺失降到最低。而且，互联网作为一种消费环境在过去的原产地效应研究中也没有得到足够重视，被普遍认为其与原产地没有直接关联，缺少研究价值。而实际上，互联网对于原产地研究而言，最大的价值是原产地形象作用的消费群体发生了重大变化，这些网络顾客比过去的传统顾客掌握了更多的产品信息，他们所能获得的信息广度和深度是过去不可想象的。当以往的研究认为原产地在某些情况下能够像光环一样为消费者作出决策时，今天的消费者通过互联网所掌握的信息可能使他们更加理性，原产地究竟在今天发挥着多大程度的作用，需要我们展开新的研究。

3.2.2　本地意识、本地品牌偏好与购买行为的假设

3.2.2.1　本地意识与本地品牌偏好

本地意识与"消费者地区中心主义"的概念和含义很接近，但也不是完全相同。两者的相似之处是，都反映了本地居民在扮演消费者角色时，对自己生活的地区的积极情感，担心外地产品给当地居民的生活和产业利益可能带来伤害[57,58,59,60]。例如，当地居民可能认为购买外地商品会危及当地居民的工作机会。本地意识往往是经过长期的历史积淀而形成的，一般很难改变，

并能够对消费者品牌产地的态度偏好产生深远长期的影响。尤其是当消费者对于不同产地的品牌在名气、质量、性能和价格上的判断很接近时，拥有强烈的本地意识，会使消费者对本地品牌产生偏爱。因为地区情感使当地居民更愿意看到本地品牌走强[61,62,63]。尤其是在这一过程中当地居民并没有出现利益亏损时，他们对本地品牌会更加支持。由此提出以下假设：

H3-1：消费者的本地意识越强，越偏爱本地品牌。

3.2.2.2 品牌特性与本地品牌偏好

消费者态度一般是由多个因素决定，这些因素包括产品性能、消费者自身的特征、消费环境以及其他情境，这些因素的共同作用左右着顾客的偏好[64]。根据本书的研究对象，我们可以推断，品牌的不同产地会对消费者的偏好产生影响。品牌特性是品牌自身所拥有的特征，包括该品牌的产品质量、性价比、知名度、售后服务等等。当然，这些评价是从消费者的角度作出的。这些评价受多个渠道的影响，包括企业的各种宣传和广告活动以及顾客间的传播，也就是口碑营销的影响。在企业宣传活动和口碑营销的作用下，顾客会关注品牌的各类信息。这种对品牌信息的关注有助于在消费者的大脑中形成一种形象认知，一种对某品牌的固有印象。这种印象会随着过去和现在信息的不断累积而得到加固，并随着新信息和经验的进入而得到修正，所以基于这些印象所形成的认知并非完全客观，常带有消费者的偏见。这也就意味着，消费者对于品牌特性的认知也同样会存在偏见。但是，消费者的认知会通过某些中介变量形成对品牌的偏好。由此提出以下假设：

H3-2：消费者越是认为本地品牌的知名度高，越偏爱本地品牌。

H3-3：消费者越是认为本地品牌的质量高，越偏爱本地品牌。

H3-4：消费者越是认为本地品牌的性价比高，越偏爱本地品牌。

3.2.2.3 本地意识、本地品牌偏好与购买行为

消费者的本地意识对其购买行为可能会产生直接的影响。拥有较强本地

意识的消费者会对本地品牌持支持与肯定的态度，从情感角度来说，反映了当地消费者对本地区经济发展和居民生活的关心[19]。尤其是当本地居民面对着偏爱程度几乎相同的本地品牌与外地品牌时，本地意识往往在这种情形下起到左右消费者态度的关键作用。本地意识较强的消费者会倾向于购买本地品牌，因为对于消费者而言，既然偏爱程度几乎相同，而自身又有较强的地区情感，既能表达这种感情，又不会损害自己的利益，为什么不买本地品牌呢？以我国东北地区为例，社会舆论经常强调"振兴东北"，但是，很少有当地的生产制造商将营销宣传的诉求点放在消费者的地区情感上。这种情感对于推动当地消费者购买当地生产的商品有不可忽视的影响，一些有关"消费者地区中心主义"的文献也支持这一观点：消费者的地区中心主义倾向越强，对本地品牌产品的购买倾向越强，而对外地品牌产品的购买倾向越弱。据此提出以下假设：

H3-5：消费者的本地意识越强，越倾向于多购买本地品牌，少购买外地品牌。

H3-6：消费者越是偏好本地品牌，越倾向于多购买本地品牌，少购买外地品牌。

图3-1是本章的假设模型。

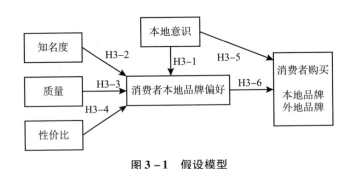

图 3-1 假设模型

3.3 消费者对农产品原产地偏好的实证分析

3.3.1 产品与样本的选择

3.3.1.1 产品的选择

国家规定的初级农产品包括：烟叶、毛茶、食用菌、瓜果蔬菜、花卉苗木、粮油作物、牲畜等动物类、动物皮毛、鲜蛋鲜奶等动物附属产品、水产品、林业产品以及其他植物如棉花、席草等。但对于普通消费者的日常农产品消费而言，一些农产品离我们的距离还是有些远，例如，普通消费者购买香烟、皮革制品、棉服、木制家具等，但很少有人去买未经过加工的烟叶、动物皮毛、棉花、原木等一些初级农产品。因此，在调研中，结合普通消费者的日常消费的实际情况，我们将农产品划分为茶叶、食用菌（香菇、木耳等）、水果、蔬菜、花卉苗木、奶蛋制品、粮油、水产品。为了进一步对调研的产品和消费群体进行筛选，我们首先进行对于网购经历的测量。测量问项为：是否有过多次从网上购买该产品的成功经历。所谓成功经历是指顺利买到产品，被调查者只需回答是或不是。调研选择在哈尔滨、沈阳、北京、济南和上海开展。调查结果如表 3 – 1 所示。

从表 3 – 1 可以看出，茶叶、食用菌、水果、奶蛋制品以及粮油的网购需求较多，消费群体集中在 40 岁以下的女性。根据表 3 – 1 所体现的农产品网购较多的年龄段、性别以及产品，我们有针对性地进行了第二次问卷调查。

表 3 - 1　　　　　　　　　　　　农产品网购经历调查结果

项目		年龄														
		18~25 岁		26~30 岁		31~35 岁		36~40 岁		41~45 岁		46~50 岁		51~55 岁		56 岁以上	
性别		男	女	男	女	男	女	男	女	男	女	男	女	男	女	男	女
样本数（人）		495	497	500	495	490	500	489	483	480	475	474	483	479	475	470	481
产品类别（%）	茶叶	20.4	18.7	33.8	27.5	29.5	22.4	22.9	19.5	17.1	15.8	12.5	11.0	7.7	6.5	5.5	3.3
	食用菌	6.5	8.9	10.2	18.0	12.0	19.4	9.6	17.2	6.5	13.1	3.6	10.1	2.3	6.3	1.1	3.5
	水果	18.8	21.3	17.8	23.2	16.1	21.8	10.4	16.8	8.1	13.7	5.5	10.6	3.3	7.4	0.6	2.7
	蔬菜	1.0	3.0	0.6	2.4	0.0	1.6	0.0	1.2	0.0	1.1	0.0	0.0	0.0	0.0	0.0	0.0
	花卉苗木	1.2	4.0	1.8	3.6	1.2	3.2	0.6	1.9	0.0	1.3	0.0	0.0	0.0	0.0	0.0	0.0
	奶蛋制品	35.6	36.4	38.8	39.4	20.6	23.0	10.8	16.8	6.9	12.8	7.8	10.6	4.4	6.5	1.5	2.3
	粮油	2.8	4.6	5.2	10.3	6.1	14.6	3.9	10.4	2.5	4.4	0.0	0.0	0.0	0.0	0.0	0.0
	水产品	2.2	3.2	2.8	3.4	2.4	2.2	1.4	0.0	0.0	0.0	0.0	0.0	0.0	0.0	0.0	0.0

注：网购经历超过 10%的数字底纹标示为灰色，以清晰地显示哪些农产品网购需求较多，并将每类产品中网购比率最高的三个年龄段对应的数字标注了下划线。

对于调研产品，我们在淘宝网、京东网上商城等购物网站对茶叶、食用菌、水果、奶蛋制品以及粮油产品进行了详细的搜索。发现茶叶的品种与产地极其繁多，而且由于消费者需求的差异，各类茶叶的网上销量都是很可观的，这就导致我们无法选取几个代表性的品种和产地做调研。毕竟本书不是专门针对茶叶产地的研究，因此，调研产品排除掉了茶叶。另外，对于奶蛋制品，网上销量较大的主要是奶制品，而由于国产奶制品在安全问题上已经存在严重的公众信任危机，因此网上商家奶制品的产地均标注为外国，如澳大利亚、新西兰以及一些欧洲国家。这些产地对于消费者而言，无外乎代表了产品的安全，但至于产地的特征与差异则无从了解，而且已经显得不重要了。因此，对于奶制品这种在安全问题上遇到了严重公众信任危机的产品也不宜作为调研产品。因此，我们决定从食用菌、水果和粮油中选择产地，通过在淘宝网、京东网上商城等购物网站的搜索，根据网上销量，我们选择了大米、红富士、脐橙、梨，对于食用菌，则根据网上商家产品的实际情况使用"蘑菇、木耳等食用菌"来作为调研产品名称。

调研依然选择在哈尔滨、沈阳、北京、济南和上海开展，调研对象选择 18～40 岁的女性。调研内容除了"网购经历"以外，还包括"产地联想"，即在提到某种产品时，消费者是否能想到某产地的该种产品质量较好或知名度较高。被调查者只需回答是或不是。发放问卷 1200 份，有效回收问卷 1066 份，有效回收率 88.83%，调查结果见表 3-2。

表 3-2　　　　　　　　特定产品的产地联想与网购经历　　　　　　单位：%

类别	标注产地	产地联想	网购经历	类别	标注产地	产地联想	网购经历
大米	宁夏	17.5	11.3	红富士	山东烟台	63.3	28.0
	贵州	8.9	6.8		山东蓬莱	20.2	9.8
	五常	27.5	17.5		陕西洛川	50.6	20.4
	盘锦	10.0	7.3		甘肃静宁	14.3	8.9
	三江平原	23.4	13.2		沂蒙山	13.1	8.2
	江苏射阳	14.2	9.1		美国	24.3	13.5
	吉林秋田	11.4	8.2		新西兰	12.5	4.1
	方正	7.7	4.2	脐橙	江西赣南	58.8	29.9
	山东济宁	19.8	8.1		湖南怀化	12.1	16.7
	东北	76.5	28.6		四川蒲江	8.7	11.6
	泰国	84.1	25.7		广西	7.0	10.1
	柬埔寨	12.5	9.3		湖南永兴	15.9	13.4
蘑菇、木耳等食用菌	牡丹江	7.0	3.3		美国	26.1	21.0
	云南临沧	7.8	5.4		西班牙	8.3	6.8
	湖北宜昌	5.5	3.1		埃及	5.1	3.2
	云南丽江	9.3	7.4	梨	新疆阿克苏	19.8	15.9
	三江平原	11.5	9.1		新疆库尔勒	37.1	22.2
	大兴安岭	71.1	20.5		山东莱阳	61.1	24.3
	辽宁朝阳	7.8	4.8		河北赵县	17.5	10.1
	长白山	66.1	16.3		安徽砀山	8.2	6.1
	山东泰山	9.9	7.8		山西运城	11.2	7.2

3.3.1.2 样本

根据前期调研结果，我们发现 5 种农产品中有 4 种产品的产地包含山东，分别是大米（山东济宁）、食用菌（山东泰山）、红富士（山东烟台和蓬莱）、梨（山东莱阳），山东是覆盖产品种类最多的产地，为了使调研尽可能多地涵盖不同种类的产品，我们将山东作为样本采集地区，也就是作为本书所指的"本地"。本书根据山东省 2015 年 GDP 排名，选择青岛、烟台、济南、潍坊、淄博，分别在 5 个城市各选择 100 名当地土生土长的、年龄在 18~40 岁的拥有独立收入的女性城市居民。这样的选择基于以下几个方面的考虑：第一，选择的城市拥有相对较高的经济发展水平；第二，选择的居民长期在当地学习工作和生活，容易产生地区感情，形成本地意识；第三，选择 18 岁以上的居民具备独立的判断力。调研面对面访问的形式。课题组的调查人员，分别在 5 个城市走访住宅区，并根据便利原则选择填写者，被选中的居民当面填写问卷。由于问卷填写耗时较长，为鼓励居民认真填写，课题组为填写者提供了小礼品。所有 500 份问卷全部收回，审核后剔除了 6 份有题目缺失的问卷。

3.3.2 问卷和量表

本地意识（*LOCALISM*）。课题组整理出 13 个与地区中心主义相关的题项，其中 7 个来自消费者民族中心主义的 CETSCALE 量表，另外 6 个因素来自专家和消费者访谈的结果。研究要求消费者根据自己同意与不同意的程度，从 1（完全不同意）到 7（完全同意）打分。对测量结果进行因子分析后删除相关系数较低的 3 个问项后得到一个 10 题项的量表，如表 3-3 所示。将各题得分相加就是本地意识指标。

表 3 - 3   本地意识量表的信度检验

测量题项	因子载荷
N1 购买外地货会使本地人失去工作机会	0.745
N2 购买外地产品，就说明你不爱家乡	0.623
N3 我们自始至终应该购买本地货	0.612
N4 本地人不应该购买外地货，会有损本地产业	0.709
N5 本地人应该只购买本地产品，而不是外地货	—
N6 一个真正的本地人就应该经常购买本地货	—
N7 即使购买本地货会花我更多钱，我也愿意	0.644
N8 购买本地产品会让我思念我的家乡	0.712
N9 购买本地产品更让我有亲切感	0.636
N10 我们最好购买本地货	—
N11 购买本地货会让我有自豪感	0.608
N12 购买本地货让我更放心	0.655
N13 只有本省的企业才知道本地人需要什么	0.737

消费者本地品牌偏好（*LIKE*）。首先，让消费者根据喜爱程度由"1 = 非常低"到"7 = 非常高"对每个品牌打分。然后算出每个品牌的平均分并由高到低排序如表 3 - 4 所示。再将每类产品中的本地和外地品牌按照排序配对选出，即，本地第一的品牌和外地第一的配成一对，第二的和第二的配成一对。以此类推：我们在大米中抽出济宁与东北，在食用菌中抽出大兴安岭和泰山，在红富士中抽出烟台和洛川，蓬莱和静宁，在梨中抽出莱阳和阿克苏。最后计算出被选品牌平均分，再用本地的平均分除以外地的平均分乘以 100。具体测量结果如表 3 - 4 所示。

表 3-4 　　　　　　　　　消费者本地品牌偏好的测量

类别	产地	喜爱程度（%）	排序	类别	产地	喜爱程度（%）	排序
大米	宁夏	4.35	7	蘑菇木耳等食用菌	大兴安岭	5.71	1
	贵州	3.79	11		辽宁朝阳	3.92	9
	五常	5.05	3		长白山	5.47	2
	盘锦	3.57	12		山东泰山	5.21	4
	三江平原	5.13	2	红富士	山东烟台	5.39	1
	江苏射阳	4.21	8		山东蓬莱	5.27	2
	吉林秋田	3.94	10		陕西洛川	5.16	3
	方正	4.17	9		甘肃静宁	5.13	4
	山东济宁	4.58	5		沂蒙山	4.37	7
	东北	5.25	1		美国	4.93	5
	泰国	4.98	4		新西兰	4.85	6
	柬埔寨	4.51	6	梨	新疆阿克苏	5.68	2
蘑菇木耳等食用菌	牡丹江	4.31	7		新疆库尔勒	5.61	3
	云南临沧	4.88	5		山东莱阳	5.82	1
	湖北宜昌	4.25	8		河北赵县	4.45	5
	云南丽江	4.39	6		安徽砀山	4.13	6
	三江平原	5.29	3		山西运城	4.52	4

品牌特性。首先让消费者对每个品牌从知名度（*KNOW*）、质量（*QUALITY*）以及性价比（*VALUE*）三个方面在一个 7 级（1 = 非常低、7 = 非常高）量表上进行评价；然后，分别计算出被选中的本地和外地品牌在知名度、质量和性价比上的平均分；最后，用本地品牌在三个特性上的平均分分别相应地除以外地的平均分，并乘以 100。

购买状况（*BUY*）。在每一类产品中，我们只计算消费者在过去的 6 个月里网购过的本地品牌和外地品牌。例如，如果消费者在过去 6 个月里网购过东北大米、贵州大米和济宁大米这 3 个牌子的大米，我们只在"购买外地大米"里录入 1（不记入贵州大米），在"购买本地大米"里录入 1。因此，本书所指的购买状况实际上是顾客对于最喜爱品牌的购买状况。

对于购买状况（*BUY*）变量，我们令 0 表示"购买本地品牌数与购买外地品牌数相同"，i（$i = 1$，2，…）表示"购买本地品牌数多于购买外地品牌数的数量"，$-i$ 为"购买本地品牌数少于购买外地品牌数的数量"。

表 3 - 5 是对以上各变量的描述。我们在分析中，还考虑了年龄（*AGE*）和月消费（*SPEND*）的影响。

表 3 - 5 　　　　　　　　　　变量描述：平均值与标准差

产品大类	消费者本地品牌偏好（*LIKE*）	品牌特性			购买状况样本数（个）	购买状况（*BUY*）
		品牌知名度（*KNOW*）	品牌质量（*QUALITY*）	品牌性价比（*VALUE*）		
大米 1	81.06 (18.17)	99.26 (15.37)	83.04 (14.22)	99.58 (23.07)	383	-0.07 (1.54)
食用菌 1	60.04 (20.51)	63.63 (15.09)	66.72 (15.44)	73.47 (18.11)	366	-0.89 (1.34)
红富士 2	85.05 (22.88)	84.79 (13.36)	84.02 (12.36)	87.79 (13.37)	351	1.27 (1.20)
梨 1	86.22 (19.89)	73.76 (14.11)	85.24 (15.77)	101.37 (21.33)	246	1.32 (1.07)

注："产品大类"中数字表示在每一类产品中用于比较的本地和外地品牌的对数，例如，"大米 1"表示在大米这类产品中，我们用于比较的本地和外地品牌各有 1 个；表中数据括号外的是平均值，括号内的是标准差。"购买状况样本数"是在过去的 6 个月里购买过用于比较的本地品牌和外地品牌的人数。

3.3.3 实证检验结果

3.3.3.1 对于假设 H3 -1 ~ 假设 H3 -4 的检验

我们以消费者本地品牌偏好（*LIKE*）为因变量，以本地意识（*LOCAL-*

ISM）、品牌知名度（*KNOW*）、品牌质量（*QUALITY*）、品牌性价比（*VALUE*）以及控制变量年龄（*AGE*）和月消费（*SPEND*）为自变量，对数据进行层次回归。表 3-6 是整理后的分析结果。

表 3-6　　　　　　　　消费者本地品牌偏好的回归模型：标准系数

产品类别	AGE	SPEND	LOCALISM	KNOW	QUALITY	VALUE	F	Adj. R^2
大米 1	-0.046	-0.046	-0.143**	—	—	—	3.751**	0.049
大米 2	-0.035	0.068	-0.069	0.193**	0.379**	0.255**	35.625**	0.383
食用菌 1	0.087	-0.198**	0.134*	—	—	—	5.977**	0.062
食用菌 2	-0.061	-0.116**	0.007	0.168**	0.533**	0.133**	59.700**	0.526
红富士 1	-0.032	-0.072	0.176**	—	—	—	7.205**	0.059
红富士 2	0.027	0.007	0.06	0.254**	0.466**	0.089*	62.079**	0.489
梨 1	0.151**	-0.178**	0.137**	—	—	—	7.937**	0.061
梨 2	0.086	-0.084*	0.047	0.126*	0.467**	0.117**	36.107**	0.377

注：** 表示 $p < 0.01$（双尾检验）；* 表示 $p < 0.05$（双尾检验）。

从表 3-6 我们发现：第一，在品牌知名度、品牌质量和品牌性价比这三个变量没有加入的模型中，虽然食用菌 1、红富士 1 和梨 1 中的本地意识对本地品牌偏好的影响与假设 H3-1 一致。但是在大米 1 中，本地意识对本地品牌偏好的影响却是显著为负的。第二，在将品牌知名度、品牌质量和品牌性价比加入模型后，虽然所有的本地意识系数都不显著，但是模型拟合度（Adj. R^2）明显提升。第三，观察各模型中知名度、质量和性价比的系数，分别与假设 H3-2、假设 H3-3、假设 H3-4 的预测相一致。综上所述，分析结果支持假设 H3-2、假设 H3-3 和假设 H3-4，不支持假设 H3-1。

3.3.3.2　对于假设 H3-5、假设 H3-6 的检验

我们以购买状况（*BUY*）为因变量，以本地意识（*LOCALISM*）、消费者

本地品牌偏好（*LIKE*）以及控制变量年龄（*AGE*）和月消费（*SPEND*）为自变量，对数据进行层次回归。表 3 - 7 是整理后的分析结果。

表 3 - 7　　　　　　　　消费者购买状况的回归模型：标准系数

产品类别	*AGE*	*SPEND*	*LOCALISM*	*LIKE*	F	Adj. R²
大米 1	− 0.052	− 0.071	− 0.084	—	1.065	0.002
大米 2	− 0.037	− 0.066	− 0.056	0.195 **	2.473 *	0.04
食用菌 1	0.085	− 0.247 **	0.027	—	6.172 **	0.06
食用菌 2	0.053	− 0.156 **	− 0.046	0.423 **	19.743 **	0.212
红富士 1	0.055	− 0.065	− 0.02	—	2.32	0.015
红富士 2	0.064	− 0.05	− 0.054	0.252 **	6.147 **	0.078
梨 1	0.197 **	− 0.229 **	0.032	—	7.781 **	0.085
梨 2	0.154 **	− 0.185 **	− 0.023	0.271 **	12.154 **	0.167

注：** 表示 $p < 0.01$（双尾检验）；* 表示 $p < 0.05$（双尾检验）。

从表 3 - 7 中我们发现：在所有模型中，本地意识的系数均不显著，这与假设 H3 - 5 不符；在所有加入本地品牌偏好的模型中，本地品牌偏好的系数均显著为正，并且由于本地品牌偏好的加入，所有模型的拟合度（Adj. R²）显著提升，这与假设 H3 - 6 一致。因此，检验结果支持假设 H3 - 6，不支持假设 H3 - 5。

3.3.4　对结果的讨论

综合以上分析结果，假设 H3 - 2、假设 H3 - 3、假设 H3 - 4 和假设 H3 - 6 得到支持，而假设 H3 - 1 和假设 H3 - 5 则被拒绝，我们得出如下结论：对于农产品本地品牌在知名度、质量和性价比方面的品牌特性评价越高，消费者就越偏爱本地农产品；消费者越偏爱本地农产品，消费者就越倾向于购买本地农产品；但是，本地意识对消费者购买本地品牌农产品的影响不明显。

3.3.4.1 关于本地意识的作用

调查结果反映出至少在被我们调查的消费群体中，对于农产品，本地意识的强弱既不会影响到他们对本地品牌的购买，也不会影响到他们对于本地品牌的偏好。我们调查的对象是女性消费群体，因为考虑到女性家庭主妇的角色，她们对于农产品消费接触得更多，这在前期调研中也体现出来了，同时也正是因为家庭主妇的角色，在家庭消费当中往往更细心，比男性更节省。但是，在消费者民族中心主义的研究中认为，男性的民族主义情绪却比女性更高，但在地区中心主义中还没有证实。这种情况可能使一些本地意识偏弱的本地居民，即使想更多地购买外地货，也因为不愿多花钱而选择相对较为便宜的本地货。他们对于本地品牌的态度偏好和购买可能会因此产生不一致的状况，从而使我们观察不到本地意识与消费者本地品牌购买偏好间预期的关系。另外，我们在调查中选择的是农产品，在家庭消费中虽然是很常见，消费者很熟悉，但相对价格不高，也许很多人认为，这种廉价产品的购买行为并不能很好地体现当地居民的本地意识。如果真的是这样，那么本地意识与消费者对本地品牌购买之间预期的关系没有被本研究检验出也是很自然的。

3.3.4.2 关于品牌特性的作用

检验结果证实了农产品的品牌特性对于消费者对本地品牌的选择起到了至关重要的作用。品牌在其所在地区的发展，尤其是对于那些知名度和质量方面都没有突出优势的品牌，很多这样的品牌在初期的发展往往利用地理优势，通过在所在地区生产就近销售实现即产即销来保证产品的生存。在农产品方面这种情况特别普遍。很多新鲜水果和蔬菜的产销要求就近生产销售，否则产品的质量会随着时间推移而下降，这类对新鲜度有较高要求的农产品具有先天的本地优势，因为外来产品由于物流成本和保鲜成本很难和本地产品竞争。但是那些相对于外地产品不具备质量优势，甚至有明显的劣势的本地产品，这种地理便捷并不会为其弥补其产品质量的劣势。在调研中，大米就体现了这种情况，一方面，随着技术进步，大米这种产品在经过长途运输后并不会有明显的质量衰减，而东北大米比山东本地的大米更好吃是在市场上被普遍认可的。因此，分析结果显示本地意识对本地品牌偏好的影响是显著为负的。这也意味着，当本地品牌的产品负面形象突出时，本地意识更集中地表现为对这种负面形象的固有认知，本地意识越强的消费者，对本地品牌关注的就越多，了解的就越多，对本地品牌的不足知道的就越多。从这个角度讲，本地意识实际上更像是一种态度倾向的催化剂，它很难决定消费者对本地和外地产品持有正面或负面的态度，这种态度主要由产品特性决定，但它会对已拥有正面或负面形象的产品的顾客评价起到强化作用。

本书研究居民对所生活的地区的情感对消费态度的影响。这种地理层面的差异在某些产品上会有集中的体现。例如，在汽车消费方面，地理差异是国别层面的，是国产车和进口车的区别，而在本书研究的农产品方面，地理差异更多地体现在地区层面。我国地理空间博大，各地区适宜种植的农产品也大为不同，气候、土壤的差异带来农产品质量品质差异极大，这就带来了显著的产地差异。因此，从原产地效应研究的角度讲，以往的研究主要关注的是国别层面的差异，对于具有显著地区差异的产品缺乏地区层面的研究。多数地方主义的观点都出现在宏观政策的实施上，很少有营销领域的发展。只有金镛准、李东进和朴世桓于 2006 年比较了上海与沈阳的地区形象对消费者产品评价的影响[65]；李东进、董俊青和周荣海于 2007 年研究了上海与郑州的地区形象差别[66]；张崇辉、李梦楠于 2013 年开展的消费者地区中心主义探索性研究[67]。本书弥补了这方面研究的不足。同时本书认为，地区层面的原产地效应研究还可以扩展到更多的产品类别上，通过更广泛深入的研究，完善并形成系统的针对地区差异的原产地效应研究体系。

3.4 本章小结

本地意识作为一种文化观念，是消费行为和原产地效应研究领域的重要影响因素。而随着产品生产分工的细化，很多产品的原产地早已不清晰，农产品恰恰是今天各类商品中与原产地联系最为紧密的一类。而随着互联网的发展，今天的消费者通过网络能够掌握更多的产品信息，原产地究竟在今天发挥着多大程度的作用，需要我们展开新的研究。本章以市场中的农产品品牌为研究对象，采用实证方法，揭示消费者本地意识、品牌特性和网络顾客农产品产地偏好的关系。我们得出如下结论：对于农产品本地品牌在知名度、质量和性价比方面的品牌特性评价越高，消费者就越偏爱本地农产品；消费者越偏爱本地农产品，消费者就越倾向于购买本地农产品；但是，本地意识对消费者购买本地品牌农产品的影响不明显。

第 4 章

数字环境下农产品 O2O
线下要素作用分析

4.1 农产品 O2O 线下效用预期

4.1.1 数字环境下的顾客感知价值

生鲜 O2O 模式是指在生鲜经营领域，通过线上营销和购买带动线下消费的模式。随着近期越来越多的 O2O 服务走进人们的生活，涉及衣食住行四个全民刚需的服务也越来越被用户所依赖。移动互联网下，生鲜蔬果作为人们生活的必需品得到了互联网行业的重视。生鲜 O2O 领域开始获得越来越多的资本关注，大量社区生鲜 O2O 平台也如雨后春笋般兴起，或将成为城市社区商业高速发展的良机。作为新世纪的"朝阳产业"，生鲜食品行业逐渐向高科技领域发展，这体现了所有当代人对绿色、健康和高品质生活的追求，因此生鲜市场被誉为有着庞大潜力的市场。无论是家庭还是单位，便捷的生鲜蔬果购物体验，健康的食品饮食，全新的现代生活方式，为人们的生活提供了许多便利。生鲜电商在社区、商圈的落地，为其线下市场带来商机的同时，也为果农菜农带来了从未有过的机遇。

生鲜 O2O 从更宏观的视角来看，关系到我国农业现代化的发展。农产品的互联网化运营对于我国农业转型升级有非常重要的作用。网络购物平台的快速发展为农业搭上互联网快车提供了有利的环境。目前生鲜 O2O 是农产品经营互联网化的前沿模式，发展前景十分可观。那么支撑这一营销模式发展并可持续的内在规律是什么？以及作用影响这一模式运营的相关要素，存在怎样的相互关系。本书将借助实证的方法，对上述问题进行粗浅的探析。

线下效用预期是指消费者对在线上所购买产品的实际品质的预测。这也意味着接下来研究的消费群体将被限定为网络顾客。互联网在今天是我们必须关注的消费环境。一方面，是因为网络购物已经成为消费的重要途径；另一方面，是因为互联网为消费者提供了大量产品信息，消费者对于产品的了解，包括对于品牌的了解，比过去要容易得多，互联网在很大程度上缩小了商家与消费者之间的信息不对称[68]。今天的消费者通过互联网所掌握的信息可能使他们更加理性，而且线下消费者也可能通过线上获取信息再进行线下消费。总之，无论是线上消费还是线下消费者，互联网已经成为今天消费者一种普通且普遍获取信息的方式。因此，要想分析线下效用预期，首先要理解互联网环境下的顾客感知价值。

依据心理学中的态度二分法，本书对顾客感知价值进行两个层面的分类，一个围绕顾客认知层面，另一个围绕顾客情感层面[69]。因为要考虑到互联网环境对顾客购物的广泛影响，我们进一步借鉴方法 – 目的链思想来完善顾客价值的划分，方法 – 目的链强调实现所期望的结果所需的方式和过程[70]。据此，认知性价值可进一步分为结果性价值和程序性价值。然后是信息系统领域的技术接受模型（technology acceptance model，TAM），TAM 模型在网购行为的实证研究中被广泛运用，其思想是强调信息系统的有用性与易用性对使用者的影响[71]。本书认为，在互联网广泛影响下的购物行为中，不仅包括线上获取信息线上购买，也包括线上获取信息线下购买。"上网查查"是当今网络时代我们最常用的语句之一，互联网环境是当今消费者行为研究的新常态环境，不是独立于传统线下购物的环境，而是成为与线下购物交融在一起无法分割的部分。在这种互联网的购物环境下，TAM 模型所提到的有用性与易用性实际上是顾客对网络信息使用的一种评价。有用性是顾客对网络信息使用所带来的结果的感知，易用性则是顾客对网络信息使用的程序的感知。

根据以上分析，本书将互联网环境下的顾客感知价值分为：结果性价值、程序性价值和情感性价值。其中结果性价值是顾客在互联网环境下对消费行为所带来的结果的感知和评价，一般是产品是指产品和服务是否令人满意。程序性价值则是互联网环境给顾客带来的消费行为上的便捷，也包括信息获取的快捷全面。结果性和程序性价值都是顾客感知价值的理性成分。而情感性价值则是强调，消费过程和结果给顾客带来的心理层面的满足以及情感层面的愉悦与享受。至此，本书完成了对互联网环境下顾客感知价值构成的理论分析，基本过程如图 4 - 1 所示。

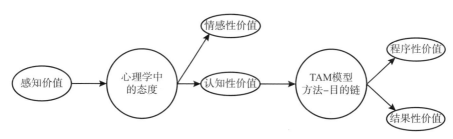

图 4 - 1　互联网环境下顾客感知价值的理论剖析

4. 1. 2　线下效用预期的维度划分

生鲜 O2O 模式是线上和线下的结合，消费者在线上终端选择生鲜产品，可以通过电脑上的网站，也可以通过手机 App，购买后的生鲜产品通过配送网络送达。这种模式看起来和常见的网络购物没什么差异。但是实际上，生鲜 O2O 有其独特的困境和障碍，因为生鲜产品和其他工业产品不同。第一，是保质期特别短，有些产品甚至需要全程冷藏，这要求配送的时效性要有保证[72]。第二，则是价格，生鲜产品属于大众日常消费品，在超市和果蔬市场很常见，价格很透明，配送意味着费用，这个费用消费者能否接受[73]。第三，由于生鲜产品不是工业制成品，每次购买的品质多少都会有差异，由于不是消费者亲自在实体店挑选，因此对于这种品质差异，消费者能否接受尚未可知[68]。以上这三方面的问题都属于线下问题，都是消费者在线上购买后的实际体验问题。实际上，对于生鲜O2O平台的经营，在初始阶段，每个平台都希望提供给消费者最好的体验，甚至不惜亏损运营来吸引消费者，而这种模式也确实方便了受众[74]。很多消费者，尤其是年轻一代消费群体确实会去尝试，但是在最初的几次尝试后，这种模式的一些显而易见的问题就会暴露出来，包括刚才提到的价格问题、品质稳定的问题、配送时效的问题，对于这些问题，消费者的接受程度会是什么样的，这会直接影响消费者的复购意愿[75]。这类平台往往不担心第一批消费者，因为可以通过各种优惠措施来吸引购买，但是这不是长久措施，平台的成功运营在根本上是需要盈利来支持的。因此，提高消费者对线下效用的预期，进而提高复购意愿，留住线上顾客才是关键。

通过以上分析，结合互联网环境下的顾客感知价值，生鲜O2O模式对于消费者而言，其程序性价值体现在配送这一环，配送环节是生鲜O2O模式实现的关键环节，也就是如何从企业到消费者，这是消费者消费体验的关键环节，人们利用网络购物的关键动因之一在于省时省力，也就是程序性带来的方便，所以配送环节可以视为程序性价值体现的关键环节。而配送环节包括配送效率和配送费用这两个问题，这里将配送效率的问题，定义为变量——配送效率预期。因为消费者在进入平台尝试后，会根据该平台的配送效率形成一种对配送的预期，也许下一次的配送并不及时，或之前几次的配送很及时或不稳定，都会让消费者产生一种判断，这种判断可能是基于经验来完全否定这个平台的配送，也许是基于其他因素容忍这个平台配送得不及时，也可能是在一定程度上的容忍，因为并不是每次配送都不及时，所以对于用户复购意愿而言，配送效率作为一种影响因素，准确来说，是一种配送效率预期。

而对于配送费用的问题归属于消费者对价格的接受程度，并将其定义为变量——价格接受度。因为配送费用实际上属于一种结果性价值，它将和最终配送给用户的产品形成性价比[32]。生鲜 O2O 模式运营的一大瓶颈就是配送费用，生鲜对配送设备的要求和时效比普通产品要高得多，用户和在生鲜实体店的价格做对比，这笔额外的配送费用，用户能否接受。如果平台将配送费用纳入生鲜产品价格中，就会必然地使生鲜线上价格高于实体店价格，这是和很多消费者网购低价的体验相悖的[76]。由于生鲜产品自身的特点，很难通过多种方法降低成本，不像工业制成品，网购低价的背后可能是配件的差异，渠道的差异。而生鲜产品要想打开销路，必须把品质关把控好。从目前来看，生鲜网购往往意味着消费者需要付出更高的价格来享受配送服务和高品质产品。所以，价格接受度是生鲜 O2O 模式运营成败不能回避的因素，也就必然成为我们研究的影响复购意愿的变量之一。

结果性价值在生鲜 O2O 模式中表现的另一个方面就是线下质量预期，也就是对于最终送到用户手中的产品质量的预测。消费者在进入平台尝试后，会根据该平台的历次到货产品质量形成一种对质量的预期，也许下一次的产品质量不会令人满意，或之前几次的产品质量都不好或不稳定，都会让消费者产生一种判断[77]。这种判断可能是基于经验来完全否定这个平台的产品质量，也许是基于其他因素容忍这个平台经营的产品质量，也可能是在一定程度上的容忍，因为并不是每次送到的产品都不令人满意，所以对于用户复购意愿而言，产品质量作为一种影响因素，准确来说，是一种线下质量预期。

综合以上分析，确定了线下效用预期的两个维度：配送效率预期，线下质量预期。在此基础上，围绕互联网环境下的顾客感知价值，从程序性价值和结果性价值的角度分析了线下效用预期的维度。另外，消费者在生鲜 O2O 平台消费，还面对着一个更加直接的问题，这种线上选购线下食用的生鲜购买模式，即使质量预期良好，配送效率预期也很好，对于较高的价格也能接受，那么消费者能接受这种模式吗？换句话说，以更高的消费换取足不出户的高品质生鲜送货上门的服务。对于消费能力较高的用户，或者是年轻一代消费群体或许可以接受，但显然要受包括质量预期、配送效率预期以及价格接受度的影响。而这种愿意接受 O2O 模式购物的程度直接影响着用户的复购意愿。因此，在研究线下效用预期对复购意愿的影响时，除了用户对价格的接受度以外，还要考虑一个变量，即用户对O2O模式的接受度。而用户对此模式的接受度是否受到生鲜实体店的影响呢？这里还需引入另一个变量——生鲜实体店对用户的吸引力，这里称之为用户对实体店接受度。是否存在这样的关系：生鲜实体店的吸引力越大，消费者就越不愿意去网购生鲜。显然，实体店作为竞争对手也是不能忽视的影响因素。这样就确定了三个接受度变量：价格接受度、实体店模式接受度和O2O模式接受度。而对于实体店接受度，为了方便后期的数据测量和分析，我们引入一个反向概念——实体店模式抛弃度。也就是说，会不会存在这样的关系，消费者面对新的购物模式，实体店对于消费者逐步变成一种落后的购物模式，并慢慢被消费者抛弃。在研究的主要变量确定后，接下来将进一步分析各变量间的关系。

4.2　消费者对质量安全信息的需求

4.2.1　对质量安全信息的分类

本书围绕质量安全信息的分类、外部光环信息的影响以及产品标注信息的消费者信任度问题，分析了消费者对于农产品质量安全信息的需求。利用实证方法开展调研，以纯牛奶产品作为调查对象，获取调查数据，运用统计软件进行回归分析和中介效应分析，检验了农产品质量安全信息对消费者信任态度的影响。结果显示，消费者对农产品标注信息的信任度有待提高，企业需要积极探索消费者可信的信息呈现方式；销售地点的光环作用突出，消费者对大型商超的信任度更高，打造高信任度的销售平台对企业十分重要；产品包装标注的生产加工信息越来越得到消费者重视，企业在营销过程中要积极利用标注信息，给消费者更透明和更高认知度的质量与安全信息，同在生产过程中的质量安全保障同样重要。

市场的不断成熟和发展，使消费者能够依据更多信息来对农产品的基本情况进行判断。越来越多的农产品也不再给消费者留下包装粗糙、标签信息匮乏的印象。农产品也越来越呈现出工业制成品的特征，包装精美、外观统一度高、各类信息全面成为农产品形象发展的一大趋势。另外，通过积极发展农产品品牌，提升消费者的信任感，品牌也成为企业质量的担保。农产品是食品的重要来源，食品质量安全是影响消费者品牌食品购买决策的重要因素[78]。随着企业推出越来越多的方法来提升产品质量安全，对于消费者而言，判断农产品的质量安全情况，也就有更多的信息可以参考。但是，受自身的知识、经验和能力所限，消费者在判断农产品质量的过程中也极易感知到农产品质量的不确定性[79]。因此，十分有必要开展各类质量安全信息对消费者态度影响的研究。

产品质量安全信息是消费者判断产品的基本依据，通过加强农产品质量安全信息的公开透明度，可以降低农产品市场的信息不对称性程度[80]。韩阳等于 2014 年在《中国消费者对食品质量安全信息需求差异分析》中，对消费者的质量安全信息需求进行了研究。通过调研，选择了消费者比较关注的信息类别，并按照消费者关注程度的高低，对质量安全信息进行自上而下的排序编列成表。由于其选择的食品类别中，基本都属于农产品或农副产品，因此为本书提供了高价值的研究基础。下面本书将该表进行微调，去除了与质量安全直接关联不强的价格因素，每类产品下包含 9 种质量安全信息，如表 4 - 1 所示，并依据此表呈现的信息，对质量安全信息的类别进行分析。

表 4 - 1　　　　　　消费者关注的农产品质量安全信息

产品类别	粮食	油类	蛋类	奶类	肉类	水果	蔬菜	水产品
质量安全信息	生产日期	生产日期	生产日期	生产日期	生产日期	外观新鲜	外观新鲜	外观新鲜
	安全标志	品牌	媒体宣传	品牌	外观新鲜	生产日期	媒体宣传	媒体宣传
	媒体宣传	安全标志	外观新鲜	媒体宣传	安全标志	媒体宣传	安全标志	安全标志
	品牌	媒体宣传	安全标志	安全标志	安全事件	安全事件	安全事件	安全事件
	安全事件	安全事件	安全事件	安全事件	超市	安全标志	肥料	超市

续表

产品类别	粮食	油类	蛋类	奶类	肉类	水果	蔬菜	水产品
质量安全信息	外观新鲜	超市	超市	外观新鲜	品牌	超市	超市	原料成分
	原料成分	原料成分	品牌	超市	原料成分	原料成分	原料成分	销售信誉
	销售信誉	外观新鲜	原料成分	原料成分	销售信誉	肥料	销售信誉	食品标准
	肥料	加工信息	销售信誉	加工信息	食品标准	品牌	食品标准	农贸市场

注：灰色部分为外部光环信息。

通过表4-1呈现的信息，本书研究发现消费者关注的农产品质量安全信息大致可以分为两类：第一类，这类信息的特征是，这些信息并不反映产品本身的情况，往往是外界给予的评价，例如，安全标志、安全事件、媒体宣传、销售信誉；第二类，品牌实际上也是一种外在因素，并不直接呈现产品功能质量情况，而销售地点（超市和农贸市场）也是消费者评价产品的一种重要外在因素。从根本上来说，农产品质量安全是生产经营者"生产"出来的[81]。安全标志信息也扮演着重要角色，但是消费者对安全标志信息认知度不高也是明显问题[82]。当前越来越重视农产品质量安全问题已成为趋势，消费者就会尽可能规避风险[83]。因此会有更多的因素被纳入进来作为参考。一般消费者会认为越知名的越高端的销售场所，产品的质量越可靠，例如，消费者会认为大型超市的产品会比路边小店的产品质量更让人放心。因此，以上这些信息的共同特点都是，消费者可以依据这些信息判断产品本身的质量安全情况。这在心理学领域被称为光环效应，是指在人们知觉当中所形成的以偏概全的主观印象，形容对某人或某物的某种印象，如同光环一样，扩散到四周，形成对某人或某物的总体印象。在农产品安全中，信息的透明度与可辨识可理解的程度都会影响到消费者对外部信息的依赖程度[84]。例如，消费者可能并不知道该产品的生产日期，但是因为这个产品在大型超市销售，消费者会认为一定不会出现过期的问题，而给予其信任。因此，在这里本书把影响消费者对农产品质量安全评价的这类外部信息命名为"外部光环信息"。而另一类信息也就是与其相对应的，直接反映农产品质量安全的信息，这类信息直接标注在产品包装上，或直接体现在产品外观上，例如，生产日期、原料成分、加工信息等。本书把这类信息命名为"产品标注信息"。

从表 4-1 中可以看到，外部光环信息包括安全标志、安全事件、媒体宣传、品牌、销售信誉、食品标准以及销售地点。从这些信息中可以发现，有几类信息存在共同的特点。例如，安全标志和食品标准都是需要权威机构认证的信息；安全事件、媒体宣传、品牌以及销售信誉很大程度上都受舆论的影响[85]，或者其本身就是舆论内容，消费者很大程度上受从众心理影响；同时消费者所拥有的食品安全知识与对安全问题的识别能力也有重要影响[86]；另外，销售地点也是影响消费者判断的一个重要因素，其特点不同于权威机构的信息，也不同于舆论的影响，销售地点的可信是消费者自身形成的一种习惯认知。因此，本书将外部光环信息归为三类，分别是权威机构认证信息、从众心理作用下的舆论信息和对销售地点的习惯认知。除了外部光环信息，另一类是产品标注信息，这一类信息主要包括生产日期、原料成分以及加工信息，是我们常见的商品标签上的主要信息，都是直接反映产品本身情况的。通过以上分析，将农产品质量安全信息进行了分类，为了更直观地反映这类信息的特点，本书以奶制品为例进行研究，信息分类如表 4-2 所示。

表 4-2　　　　　　　　　　　农产品质量安全信息分类

信息类别	外部光环信息			产品标注信息		
	权威机构认证信息	从众心理作用下的舆论信息	对销售地点的习惯认知	生产日期	原料成分	加工信息
国内某品牌有机纯牛奶为例	中国与欧盟有机双认证	在乳制品市场出现安全问题时依然获得消费者的认可	大型商超或专卖店	见包装喷码	有机生牛乳	全脂灭菌

之所以选择奶制品，主要是考虑到市场上粮油蛋类目前品牌选择有限，蔬菜水果肉类的质量安全信息又不健全，而奶制品是农产品中工业化做得最好的产品之一，品牌多、种类丰富、产品标签信息完备，奶制品的安全问题

也备受关注。另外需要强调的是，根据商务部有关文件对于食用农产品范围的注释，通过对鲜奶进行净化、杀菌而制成的巴氏杀菌奶、灭菌奶属于食用农产品范围，而用鲜奶加工的酸奶、奶酪等不属于食用农产品范围。所以本书在食用农产品范围内对奶制品进行了筛选。从表4-2中可以看到，在外部光环信息中，为了增加产品某些特性的可信度，企业会突出权威机构在某些特性上的认证，如中国与欧盟的有机双认证；而从众心理在平时会引导消费者选择哪些品牌或类型的产品，而在有突发安全事件爆发时会表现得更为明显；而在销售地点上，消费者会认为大型商超或专卖店的商品质量安全更加可靠。在产品标注信息方面，消费者最关注的是生产日期，而对于原料成分和加工信息的关注往往需要消费者做更多的知识准备。例如，"有机"意味着什么？乳制品中常见的超高温灭菌和巴氏灭菌有什么区别？对于消费者有哪些好处？这些都需要看得懂，才对消费者有价值。因此，无论是外部光环信息还是产品标注信息，都需要消费者的认知认可，才能发挥这些信息的价值。

4.2.2　外部光环信息

外部光环信息能在消费者并不了解产品本身的信息时发挥作用，为消费者提供购买依据[87]。权威机构的认证一直是很多企业在广告宣传时被作为优势重点提及[88]。但是在现实市场中，消费者对各类检验检测机构的认知度很低，但并不意味着这类机构认证对于营销是没有意义的，关键并不在于消费者的认知，而是要向消费者传递一种信息，即该产品是经过权威机构认证的。但是新的问题又来了，消费者会相信这类认证吗？消费者会在意这类认证吗？这类认证对消费者的购买决策会有影响吗？这是接下来的研究要解决的问题。另外，销售地点的影响是不容忽视的，大型商超和专卖店往往比小超市的商品更可信，这已经形成了普遍的认知。而从众心理的影响似乎就更加广泛了，一个人可以在并不了解一个产品的时候，完全依靠从众心理来作出购买决策，只需要跟随别人做出同样的购买决策就可以了。因此如果从众心理很强，将会明显降低质量安全信息对这类消费者的影响作用[89]。

通过前文的分析，可以发现无论是外部光环信息还是产品标注信息，对于消费者而言，影响来自对这些信息的信任度。外部光环信息会提升消费者对产品的信任度，这是很自然的，无须再做假设验证，但是外部光环信息会提升消费者对产品标签的信任度吗？需要进一步研究。第三方认证机构很重要，提升权威性、提升消费者的认知度是提升信任度的前提[90]，如果消费者对权威机构认证的信任度更高，相信消费者也会更信任有认证的产品及其标注信息[91]。如果消费者更相信大型商超销售的产品，那么也会相信产品标注信息。换句话说，产品与产品标注信息本身就是一体的，是不能分别看待的。如果消费者不相信产品标注信息，我们很难说消费者会信任这个产品[92]。即使在实际中出现消费者不信任产品标注信息，而却作出了购买这个产品的决策，那么这种信任很可能来自外部光环信息的影响。虽然消费者对安全标志的认知度并不高，但是权威机构认证具有光环效应，同样，大型商超等知名购物场所也具有光环效应。

4.2.3　产品标注信息

如今产品包装的标注信息可以说已经很丰富了，最基本的生产日期与保质期、生产厂家，消费者都很容易识别，但是，不少消费者可能都看不懂产品配料与加工信息中的专业名词。无论是生产日期还是配料与加工信息，一个最基本的问题是，作为消费者，我们相信这些信息吗？如果相信，依据什么相信呢？作为普通消费者，我们看不到产品的流通过程，无法溯源。但随着技术进步，将来可能会实现，包括目前已经开始运用的二维码技术，以及更先进更可靠的区块链技术的应用和普及[93]。但在目前，对于一般消费者而言，产品标注信息依然存在可信度的问题。这些信息要想获得消费者的信任，很大程度上更加依赖外部因素的作用[94]。例如，大型商超和专卖店的更可信，也就是销售地点信任度的影响。但是如果销售地点已经为产品质量安全提供了足够的信任度，消费者对产品标注信息还会有多少关注呢？因此，在产品本身在技术上无法提供可信的信息可验证措施前，除了生产日期，消费者很可能并不会太关注产品本身的标注信息。但是，消费者一定会在意这些信息是否存在，同样的产品，即使消费者不相信产品标注信息，一旦遇到缺少信息标注的，消费者也会自然地产生怀疑和不信任[95]。这并不是来自消费者对标注信息的信任和厂家的信任，而是长期以来产品包装形象让消费者形成的习惯性认知[96]，就如同大商超往往更可信一样，消费者也会认为包装上标注信息全面的才更可信，实际上，假冒伪劣产品也同样能够做到。那么，产品标注信息对消费者的信任度究竟是否存在影响呢？又存在怎样的影响呢？这些问题也将在本书下面的研究中得到回答。

通过前面的分析，消费者在实际生活中，对于产品标签信息很多时候更在意的是是否存在，除了生产日期以外，很少关心具体内容。换句话说，一个产品如果其标签信息越是完备的和丰富的，消费者才会认为信息是更可靠的，也才会更加信任这个产品[97]。因此，在产品标签信息方面，消费者的信任度一部分体现在信息的完备程度上[98]。当然，随着消费者教育程度的提高，以及对高品质生活追求的日益提升，也有越来越多的消费者特别关注标注信息，包括配料和加工信息等[99]。因此，对于产品标签信任度的测量，不仅要考察消费者对信息本身的信任度，还要测量消费者对于信息丰富程度的认知，这两者都会影响消费者对产品的信任度。所以这两者与产品信任度的关系是非常紧密的，并且对消费者产品信任度的提升具有积极的作用。

这里进一步分析产品标签信息的作用。毋庸置疑，产品标签信息丰富了消费者对产品的认知，但是即使是同样的产品，放在大型商超和放在小型超市销售，总会给消费者带来不同的购买态度。在大型商超购买商品，可能很多消费者甚至不会特意去看生产日期，也许可能随便会扫一眼产品标签上的丰富的但也不想去阅读的信息，然后把它放在购物车里，这是因为对购买场所的信任，这里称为销售地点这种外部因素的光环效应。但是在小型超市或者一些小型商店购买商品，往往会对商品信息注意得多，商品信息成为消费者打消内心疑虑的一种媒介。所以，无论消费者是在什么样的销售场所购买产品，对产品标签信息是否会仔细阅读，产品标签信息似乎都在外部作用和产品态度之间传递不同程度的信任。并且外部光环作用越强，标签信息的中介作用越弱；外部的光环作用越弱，标签信息的中介作用越强。

4.3 研究假设的提出

4.3.1 生鲜 O2O 线下质量预期的影响

消费者对生鲜产品质量的预期显然会影响到消费者的购买意愿，而具体来讲，哪些因素会影响到购买意愿呢？首先，是价格。目前 O2O 模式下，价格较高，消费者能否接受是一个明显的问题。其次，是质量，包括供消费者选择的其他购买渠道能提供什么质量的产品，如果在实体店购买的产品质量可靠，消费者会不会抛弃网店转向实体店，但是如果 O2O 模式下的生鲜产品质量特别好，是否能够更多地吸引消费者呢。这也就意味着，消费者对 O2O 模式下的质量预期较高，是否就会更少地选择实体店。最后，是消费者对 O2O 模式这种模式能否接受。O2O 模式需要赢得消费者的信任，因为顾客看不到实体产品，每次都是先付款再看到产品的真实状态，完全不同于在实体店，是先选择实体产品再付款。尤其对于生鲜产品，规格不一，顾客在实体店选水果一般都会挑一挑，而在 O2O 模式下，没有了亲自挑选的过程，这种选购模式的改变，消费者能否接受，尤其是中年以上的消费群体往往习惯了传统模式，认为实体店采购的生鲜更加放心。根据以上分析，作出如下假设：

H4-1a：消费者对 O2O 生鲜产品的质量预期正向影响对其的价格接受度。

H4-1b：消费者对 O2O 生鲜产品的质量预期正向影响实体店模式抛弃度。

H4-1c：消费者对 O2O 生鲜产品的质量预期正向影响 O2O 模式接受度。

4.3.2 生鲜 O2O 线下配送效率预期的影响

O2O 模式下，最为关键的环节是线下配送，如何将消费者和平台连接起来，最为重要的是提供高效的线下配送体系。因此，消费者对线下配送效率的预期对购买意愿的影响非常重要。消费者能否接受 O2O 模式的高价格，在相当程度上也取决于线下配送是否提供了令消费者满意的服务。同时也会影响消费者对实体店的接受程度，如果高效的线下配送让消费者节省了时间，让消费者更加方便，省去了去实体店挑选生鲜的过程，这就意味着，消费者对生鲜产品配送效率预期越高，就会越不愿意再去实体店，而是更多地选择 O2O 模式。这也就意味着实体店和 O2O 模式存在着竞争和相互排斥的关系。另外，线下配送效率的提升能够切实让消费者感受到便捷，让消费者体验到 O2O 模式的好处，能够提升消费者这种模式的接受程度。根据以上分析，作出如下假设：

H4－2a：消费者对 O2O 生鲜产品的配送效率预期正向影响对其的价格接受度。

H4－2b：消费者对 O2O 生鲜产品的配送效率预期正向影响实体店模式抛弃度。

H4－2c：消费者对 O2O 生鲜产品的配送效率预期正向影响 O2O 模式接受度。

4.3.3 接受度变量的中介作用

消费者对于产品质量预期以及配送效率预期会直接影响到复购意愿，同时，依据上文分析，产品质量预期和配送效率预期会影响到价格接受度，而价格接受度明显也会对复购意愿产生影响。因此，这也就意味着，价格接受度在线下预期和复购意愿之间会起到中介作用。同样，消费者对于产品质量预期和配送效率预期也会直接影响到实体店的接受度和 O2O 模式的接受度，消费者对于实体店接受度的下降很可能同时会带来对于 O2O 模式接受度的提升，进而提升复购意愿。当然，实体店和 O2O 模式也有可能不存在冲突，而是各自对应不同的消费人群，两者并不存在此消彼长的关系，但是从市场消费人群规模一定的前提下来考虑，O2O 模式的兴起将会抢占一部分实体店的市场，也是可以预见到的。因此，实体店接受度和 O2O 模式的接受度各自都会对 O2O 模式复购意愿产生影响。根据以上分析，作出如下假设：

H4 - 3a：价格接受度在线下预期和复购意愿之间扮演中介角色。

H4 - 3b：实体店模式抛弃度在线下预期和复购意愿之间扮演中介角色。

H4 - 3c：O2O 模式接受度在线下预期和复购意愿之间扮演中介角色。

在实际的购买体验中，线下预期对购买意愿是存在直接的影响的，尤其是对于那些对 O2O 模式较为陌生的消费者，这类消费者对于 O2O 模式提供的服务持较多的怀疑态度。而对于生鲜产品而言，品质是其重要的特征，虽然配送效率不能直接表明生鲜产品的质量，但是却显著影响着消费者的购物体验。这些预期会使消费者将其价格作为参照来对比性价比，最终性价比会决定复购意愿，同时这些预期还会影响消费者对实体店模式抛弃度和 O2O 模式的接受度，模式接受度也会直接影响消费者的复购意愿，因为模式的变化意味着消费者购物方式的变化，是对传统购物习惯的挑战。这也就使接受度要素在线下预期的影响机制中起到一种中介作用。即在 O2O 模式中，线下预期对消费者复购意愿的影响，是通过消费者对价格和模式接受度的评价来实现的，这种中介作用可通过图 4 - 2 来体现。

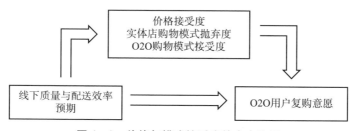

图 4 - 2 价格与模式接受度的中介作用

4.3.4　假设模型

根据上文对各因素维度的构建以及假设的提出，我们建立了研究的假设模型，如图4-3所示。模型是以价格和模式接受度为中介变量，首先是线下预期对价格和模式接受度的影响，通过产品质量预期和配送效率预期对价格接受度、实体店购物模式接受度以及O2O购物模式接受度的影响加以研究；然后是价格和模式接受度对O2O用户意愿的影响。该模型以直观的形式展示各变量间的关系。

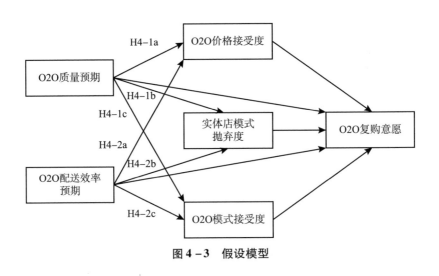

图4-3　假设模型

4.4　研究方法

4.4.1　研究样本

研究样本包括两部分：一是生鲜O2O平台与生鲜产品的选择；二是消费

者的选择。为了更准确地确立调查的样本范围，以保证研究样本的状况与本书研究内容相吻合：一方面，选择的 O2O 平台要有相当的公众认知度，生鲜产品要在平台上有一定销量，无论是否知名，至少能从网购市场上争取到一定数量的消费者；另一方面，要避免出现大量很少进行农产品网购的消费者成为调查样本，造成数据结果根本不反映相应消费群体的实际状况。所以我们样本筛选的过程是这样的：首先确定热门平台，然后再调研筛选最知名的几家平台，在平台中寻找最畅销的生鲜产品，并且从中找到同时在两家或两家以上平台都热销的生鲜产品。通过对这类产品的消费者网购体验的数据进行分析来检验假设。因为这类筛选出的数据的特点是，消费者在不同平台都在网购的那几类产品的网购体验，产品相似度高，平台多样性高，在同样情况下的网购能反映一些共性问题。如果不确定具体产品，或者产品过于多样化，则数据之间缺少可比性。

根据表 4 - 3 的统计结果，我们选择至少有一个 A 等级的 O2O 平台为调研对象，为清晰地显示等级差异，我们将 A 等级加了灰色。我们可以清晰地看到，我买网、每日优鲜、拼好货、天天果园均有至少一个 A 等级的评估。为了进一步对调研的产品和消费群体进行筛选，我们首先进行对生鲜 O2O 平台网购经历的测量。测量问项为：是否有过多次从该网络平台购买生鲜产品的经历。被调查者只需回答是或不是。进一步的问题为：您曾经在哪个或哪几个平台网购过生鲜。被调查者从给出的 8 个平台中作出选择。调研选择在北京开展。调查结果如表 4 - 4 所示。

表 4 - 3　　　　　主要 O2O 生鲜平台应用数据统计汇总

平台名称	综合评估			具体数据					
	PC 端	手机端	互动	appannie		coolchuan	gsdate		alexa
				全类排名	购物排名	下载量（次）	排名	粉丝数	排名
我买网	A	A	A	800	50	2000000	6096	200000	8810
本来生活	B	A	A	800	45	1460000	29312	144630	33894

续表

平台名称	综合评估			具体数据					
				appannie		coolchuan	gsdate		alexa
	PC端	手机端	互动	全类排名	购物排名	下载量（次）	排名	粉丝数	排名
顺丰优选	B	B	B	1500	—	760000	21062	68830	21464
每日优鲜	N	A	A	1000	20	1648000	1101	70000	—
拼好货	N	A	B	1000	50	1010000	47899	1640	—
都市菜园	B	C	N	—	300	250000	—	—	26118
天天果园	C	A	C	1100	80	2414923	21980	66860	54293
易果	C	C	C	—	150	170000	9042	82140	80511

注：综合评估是根据右边的具体数据，结合非量化的判断得出，等级高低依次为 A、B、C，N 为无数据。数据统计时间为 2019 年 7 月。

资料来源：appannie-App 的综合排名；coolchuan-App 下载量；gsdata-微信号；alexa-PC 端排名；部分网站有多个微信号在运营，在表中作了汇总。

表 4 - 4   农产品生鲜 O2O 使用经历调查结果

项目		年龄														
		18～25 岁		26～30 岁		31～35 岁		36～40 岁		41～45 岁		46～50 岁		51～55 岁		56 岁及以上	
		男	女	男	女	男	女	男	女	男	女	男	女	男	女	男	女
有过多次网购生鲜经历的样本数（人）		484	573	392	489	203	315	106	291	87	181	42	107	16	43	0	11
多次使用同一平台（%）	我买网	22.5	23.0	26.5	24.9	20.7	29.8	22.6	22.7	18.4	28.2	28.6	26.2	0.0	16.3	0.0	0.0
	本来生活	4.8	6.6	21.4	20.9	28.6	21.9	17.9	26.5	13.8	10.5	9.5	9.3	0.0	18.6	0.0	0.0
	每日优鲜	21.7	23.9	23.5	22.7	25.6	27.6	27.4	26.8	12.6	9.9	11.9	10.3	0.0	13.9	0.0	0.0
	易果	3.1	5.1	5.6	4.7	0.0	0.0	0.0	4.8	0.0	6.6	0.0	0.0	0.0	0.0	0.0	0.0
	顺丰优选	7.9	11.5	10.2	11.2	19.7	14.7	15.1	6.5	0.0	7.2	0.0	0.0	0.0	0.0	0.0	0.0
	天天果园	20.6	28.8	20.9	20.7	29.1	28.6	24.5	27.5	13.8	9.4	14.3	11.2	0.0	0.0	0.0	0.0
	拼好货	11.4	11.5	12.5	21.3	6.4	27.9	14.2	22.7	18.4	15.0	0.0	0.0	0.0	0.0	0.0	0.0
	都市菜园	6.8	7.7	11.7	10.4	12.8	11.7	10.3	9.3	0.0	0.0	0.0	0.0	0.0	0.0	0.0	0.0

注：网购经历超过 20% 的数字底纹标示为灰色，以清晰地显示哪些农产品购买需求较多。

从表 4 - 4 可以看出，我买网、本来生活、每日优鲜、天天果园以及拼好货的需求较多，消费群体集中在 40 岁以下。由于每个年龄段有过多次网购生鲜经历的样本数中，女性均多于男性，我们可以进一步判断消费群体集中在 40 岁以下女性。根据表 4 - 4 所体现的生鲜网购较多的年龄段、性别以及平台，我们有针对性地进行了第二次问卷调查。

根据调研结果，选择了使用人数较多的 5 家生鲜 O2O 平台，调研顾客购买最多的几类水果的性价比和配送效率评价如下。分别从中选出质量预期和配送效率预期最好的两类产品，因为每个网站的受访者都是不同的，我们再将对应的受访者的受访问卷结果纳入最后的数据分析中。对于调研产品，我们在我买网、本来生活、每日优鲜、天天果园以及拼好货等生鲜平台对生鲜产品进行了详细的搜索，选出网上销量可观的产品。调研依然选择在北京开展，调研对象选择 18 ~ 40 岁的女性。调研内容包括对"性价比"和"配送效率"的评价，"性价比"对应 5 个问题，均采用五点测量法，选项由评价很差到很好，分值从 1 ~ 5，5 个问题满分为 25 分。还有本书的其他变量的测量问项，具体设计在后文测量工具部分会详细介绍。本次共发放问卷 600 份，有效回收问卷 566 份，有效回收率 94.33%，调查结果见表 4 - 5。我们选择在两个或两个以上平台都热销的生鲜产品，作为最终用于模型检验的数据。从表 4 - 5 可以看出，赣南脐橙、库尔勒香梨、红颜草莓、泰国椰青、越南火龙果、智利车厘子都在 2 个或 2 个以上平台热销。因此，这几种产品对应的消费者问卷数据经整理后将直接用于假设模型的检验。

4.4.2 测量工具

对于价格接受度，我们采用 Van Westendrop 所创建的价格分析问卷，依据消费者感觉程度采用七点测量法。问卷有 4 个条目，例如，"请问对该平台

表 4 - 5 　　　　　　 特定生鲜 O2O 平台水果的性价比和配送效率

类别	产品	性价比	配送效率	类别	产品	性价比	配送效率
我买网	阿克苏苹果	22.5	15.3	每日优鲜	麻辣小龙虾	24.1	22.2
	赣南脐橙	23.9	10.8		清远鸡	17.3	21.5
	库尔勒香梨	22.9	11.5		鹌鹑蛋	18.5	19.1
	青虾仁	18.0	11.3		红颜草莓	24.7	21.8
	北极虾	22.4	14.2		泰国龙眼	22.9	23.9
	巴沙鱼片	19.2	13.1		越南火龙果	21.5	20.4
	速冻玉米	21.2	12.5	天天果园	智利车厘子	25.8	22.9
	东海大黄鱼	22.7	19.2		樱桃	19.1	19.7
	桶装鲜牛奶	21.7	12.6		四川奇异果	21.7	18.6
	巴西牛腩	14.1	21.7		越南火龙果	27.0	23.1
	厄瓜多尔白虾	22.5	13.3		海南芒果	18.9	19.4
本来生活	红颜草莓	23.0	19.3		进口香蕉	23.1	20.9
	泰国椰青	23.8	24.4		美国牛肉	18.3	19.8
	进口柠檬	22.5	19.1	拼好货	广西贡橘	18.9	15.4
	库尔勒香梨	21.3	19.7		菲律宾凤梨	17.1	16.5
	越南火龙果	17.5	18.1		越南火龙果	21.1	23.2
	冷冻生虾仁	21.1	17.5		红心蜜柚	16.5	17.1
	散养柴鸡蛋	19.5	20.8		赣南脐橙	21.2	21.1
	智利鸡翅中	15.1	17.3		泰国龙眼	13.2	17.2
每日优鲜	泰国椰青	23.3	23.0		新疆红提	16.3	15.8
	智利车厘子	21.2	29.8		安岳柠檬	19.5	18.1
	特仑苏牛奶	20.6	19.8		大荔冬枣	17.7	19.8
	赣南脐橙	24.3	24.9	—	—	—	—

产品而言，您认为其价格对您而言是物有所值的吗?""请问这样的价格如果您认为较高，仍可能去购买吗?"等。在本书中，其 Cronbach's α 系数为

0.91。对于实体店模式抛弃度和 O2O 模式接受度，我们采用成熟的程序性价值问卷，该问卷包含 4 个条目，例如"购物过程是否简单？""购物是否便利？"。在本书中，其 Cronbach's α 系数为 0.84。对于复购意愿，我们采用周文辉和杨晋设计的测量问卷[134]，采用七点测量法，包括 3 个测量问项，例如，"再次购买该产品的可能性极大""再次购买此类产品时会优先考虑该平台"等，其 Cronbach's α 系数为 0.92。

本书使用 SPSS 20.0 对数据进行相关分析和回归分析。相关分析是研究不同变量间密切程度的一种十分常见的统计方法，相关系数（Pearson 系数）则是描述这种线性关系程度和方向的统计量，其值在（−1，1）之间。相关系数绝对值越大说明变量间相关性越强，反之越弱。相关系数为正说明变量间呈正相关关系，为负则变量间呈负相关关系。但不能确定这两类现象之间哪个是因，哪个是果。所以本书应用 SPSS 20.0 来初步验证因变量和自变量之间的相关性，要进一步知道变量之间的因果关系如何，就要使用回归分析。多元回归分析是多个自变量的最优化组合。因为相关分析并不能确定这些关联的程度，这就需要建立回归方程来预测因变量的关联程度，通过方程分析结果可以判断哪些因素是导致因变量变化的解释变量，以及这种影响力的大小和方向。回归系数表示假设在其他所有自变量不变的情况下，某一个自变量的变化引起因变量变化的比率。本书在相关分析的基础上，对因变量和自变量作多元回归分析，得出自变量对因变量变化的影响程度和影响方向，从而根据回归分析结果进行本书研究的结论探讨。

对于中介效应的检验，本书采用的一般程序为：第一步，检验因变量对自变量的回归系数，若显著就继续分析，否则就停止。第二步，进行部分中介效应检验，即依次检验中介变量对自变量的回归系数以及因变量对中介变量的回归系数，如果都显著就继续接下来的第三步检验，而如果至少有一个不显著，则要进行 Sobel 检验。第三步，进行完全中介效应检验，检验当存在中介变量的前提下因变量对自变量的回归系数，如不显著，说明是完全中介过程，如显著，则说明是部分中介过程，检验结束。

4.5 研 究 结 果

4.5.1 相关分析与回归分析

复购意愿对于预期和接受度的相关分析结果如表4-6所示,复购意愿对于预期类变量的相关系数均在0.8以上。复购意愿对于价格接受度和O2O模式接受度的相关性在0.8以上,而其他变量间的相关系数均较低。因此,预期类变量与复购意愿的正相关关系得到初步确认。

表4-6 品牌购买意愿对于原产地形象消费者价值和产品属性信念的相关分析结果

类别	变量	相关系数
预期类	O2O产品质量预期	**0.861**
	O2O配送效率预期	**0.889**
接受度类	O2O价格接受度	**0.818**
	实体店模式抛弃度	0.395
	O2O模式接受度	**0.807**

接受度类变量对于预期类变量的相关分析结果如表4-7所示,O2O模式接受度对于质量预期的相关性在0.9以上,价格接受度对于配送效率预期的相关性在0.8以上,而其他变量间的相关系数均较低。因此,O2O模式接受度与质量预期的正相关关系以及价格接受度与配送效率预期的正相关关系均得到初步验证。由此我们初步分析认为,质量因素对于消费者O2O模式的接

受度而言起到更主要的作用，而配送效率在对消费者价格的接受度中的影响更明显。

表 4 - 7 　　　产品属性信念对于原产地形象消费者价值的相关分析结果

变量	相关系数		
	O2O 价格接受度	实体店模式抛弃度	O2O 模式接受度
O2O 产品质量预期	0.353	0.274	**0.929**
O2O 配送效率预期	**0.807**	0.209	0.437

为进一步考察各变量的关系展开回归分析，结果如表 4 - 8 和表 4 - 9 所示。

表 4 - 8 　　　　　逐步回归模型总体参数及回归方差分析

因变量	模型	复相关系数 R	判定系数 R²	调整判定系数 R²adj	F	Sig.	预测值（常数）
O2O 价格接受度	1	0.754	0.531	0.507	62.033	0.0000	O2O 配送效率预期
	2	0.843	0.713	0.713	71.203	0.0000	O2O 配送效率预期，质量预期
O2O 模式接受度	1	0.817	0.545	0.657	66.134	0.0000	O2O 质量预期
	2	0.808	0.799	0.732	72.343	0.0000	O2O 质量预期，O2O 配送效率预期
复购意愿	1	0.739	0.501	0.591	62.767	0.0000	O2O 价格接受度
	2	0.769	0.673	0.726	75.313	0.0000	O2O 价格接受度，O2O 模式接受度
	3	0.893	0.744	0.766	74.787	0.0000	O2O 价格接受度，O2O 模式接受度，实体店模式抛弃度

表 4 - 9   回归方程系数及显著性检验

因变量	模型	回归系数	T	Sig.
O2O 价格接受度	1	− 1. 2E − 017	0. 000	1. 0000
		0. 754	10. 401	0. 0000
	2	− 1. 18E − 017	0. 000	1. 000
		0. 754	11. 013	0. 0000
		0. 419	6. 434	0. 0000
O2O 模式接受度	1	− 1. 1E − 012	0. 000	1. 000
		0. 817	11. 013	0. 0000
	2	− 1. 05E − 012	0. 000	1. 000
		0. 817	11. 463	0. 0000
		0. 394	7. 323	0. 0000
O2O 复购意愿	1	− 0. 9E − 016	0. 000	1. 0000
		0. 739	9. 107	0. 0000
	2	− 1. 21E − 016	0. 000	1. 0000
		0. 739	11. 022	0. 0000
		0. 471	10. 073	0. 0000
	3	− 1. 03E − 016	0. 000	1. 0000
		0. 739	13. 013	0. 0000
		0. 471	9. 434	0. 0000
		0. 363	7. 671	0. 0000

从表 4 - 8 可以看出，以 O2O 价格接受度为因变量的分析，最后一步回归方程解释度为 71. 3% ，相应 $F = 71. 203$ ；以 O2O 模式接受度为因变量的分析，最后一步回归方程解释度为 73. 2% ，相应 $F = 72. 343$ ；以复购意愿为因变量的分析，最后一步回归方程解释度为 76. 6% ，相应 $F = 74. 787$ ；均达到了很显著的水平。

表 4 - 9 是回归系数和显著性系数。以 O2O 价格接受度为因变量的分析中，配送效率预期最先进入模型，说明其对价格接受度的贡献最大，其次是

质量预期。据此得到标准回归方程：O2O 价格接受度 = 0.754 × 配送效率预期 + 0.419 × 质量预期。从回归系数可以看出，配送效率预期对于价格接受度的影响最大，质量预期次之。从系数的正负性来看，O2O 价格接受度与配送效率预期、质量预期呈正相关关系。假设 H4 - 1a、假设 H4 - 2a 成立。

以 O2O 模式接受度为因变量的分析中，质量预期最先进入模型，说明其对 O2O 模式接受度的贡献最大，其次是配送效率预期。据此得到标准回归方程：O2O 模式接受度 = 0.817 × 质量预期 + 0.394 × 配送效率预期。从回归系数可以看出，质量预期对于 O2O 模式接受度的影响最大，配送效率预期次之。从系数的正负性来看，O2O 模式接受度与质量预期、配送效率预期呈正向相关关系。假设 II4 - 1c、假设 H4 - 2c 成立。

以 O2O 复购意愿为因变量的分析中，O2O 价格接受度最先进入模型，说明其对复购意愿的贡献最大，其次是 O2O 模式接受度，最后是实体店模式抛弃度。据此得到标准回归方程：复购意愿 = 0.739 × O2O 价格接受度 + 0.471 × O2O 模式接受度 + 0.363 × 实体店模式抛弃度。从回归系数可以看出，O2O 价格接受度对于复购意愿的影响最大，O2O 模式接受度次之，实体店模式抛弃度的影响最弱（鉴于此，在后面的讨论中，不再对实体店的影响进行讨论）。

4.5.2　以接受度为中介变量的中介效应检验

本部分主要探讨的是原产地形象的两种预期变量（质量预期和配送效率预期）是怎么通过接受度变量来对复购意愿产生影响的，即接受度变量在预期变量和复购意愿中的中介效应检验，主要验证假设 H4 - 3a、假设 H4 - 3b 和假设 H4 - 3c。本书采用 Spssmaro 脚本来进行中介效应分析，对间接效应的计算采用了 Sobel 检验，并给出了显著性检验结果。根据上述方法以及本书的研究框架，本书拟检验的中介效应包括三组：M1——O2O 价格接受度、M2——实体店模式抛弃度、M3——O2O 模式接受度。具体分析过程如表 4 - 10、表 4 - 11 和表 4 - 12 所示。

表 4 - 10   O2O 价格接受度的中介作用分析结果

路径	M1——O2O 价格接受度中介效应检验		
	步骤	标准回归方程	回归系数检验
X1 质量预期	第一步	$Y = 0.541X$	SE = 0.028 t = 15.386***
	第二步	$M = 0.532X$	SE = 0.039 t = 7.605***
	第三步	$Y = 0.196M + 0.489X$	SE = 0.027 t = 4.634*** SE = 0.037 t = 13.215***
Y 复购意愿	中介效应/总效应	$0.532 \times 0.196/0.541 = 19.27\%$	
	中介效应方差变异	24.24%	
	检验结果	中介效应显著（部分中介效应）	
X2 配送效率预期	第一步	$Y = 0.662X$	SE = 0.034 t = 19.497***
	第二步	$M = 0.754X$	SE = 0.042 t = 8.965***
	第三步	$Y = 0.178M + 0.595X$	SE = 0.036 t = 4.984*** SE = 0.036 t = 16.625***
Y 复购意愿	中介效应/总效应	$0.754 \times 0.178/0.662 = 20.27\%$	
	中介效应方差变异	25.35%	
	检验结果	中介效应显著（部分中介效应）	

注：SE 表示标准误；*** 表示在 0.001 水平上显著；** 表示在 0.01 水平上显著；* 表示在 0.05 水平上显著。

表 4 - 11   实体店模式抛弃度的中介作用分析结果

路径	M2——实体店模式抛弃度中介效应检验		
	步骤	标准回归方程	回归系数检验
X1 质量预期	第一步	$Y = 0.602X$	SE = 0.039 t = 14.187***
	第二步	$M = 0.474X$	SE = 0.047 t = 9.252**
	第三步	$Y = 0.221M + 0.539X$	SE = 0.031 t = 5.474*** SE = 0.056 t = 11.236
Y 复购意愿	第四步	Sobel 检验：Z 值 = 0.87（小于 0.97） 未通过 Sobel 检验	
	检验结果	中介效应不显著	

续表

路径	M2：实体店模式抛弃度中介效应检验		
	步骤	标准回归方程	回归系数检验
X2 配送效率预期	第一步	Y = 0.691X	SE = 0.035 t = 13.323 ***
	第二步	M = 0.457X	SE = 0.058 t = 8.656 ***
	第三步	Y = 0.278M + 0.466X	SE = 0.041 t = 4.219 SE = 0.051 t = 10.629 ***
Y 复购意愿	第四步	Sobel 检验：Z 值 = 0.89（小于 0.97） 未通过 Sobel 检验	
	检验结果	中介效应不显著	

注：SE 表示标准误；*** 表示在 0.001 水平上显著；** 表示在 0.01 水平上显著；* 表示在 0.05 水平上显著。

表 4 - 12   **O2O 模式接受度的中介作用分析结果**

路径	M3——O2O 模式接受度中介效应检验		
	步骤	标准回归方程	回归系数检验
X1 质量预期	第一步	Y = 0.907X	SE = 0.029 t = 14.133 ***
	第二步	M = 0.817X	SE = 0.041 t = 9.496 ***
	第三步	Y = 0.292M + 0.635X	SE = 0.025 t = 5.164 *** SE = 0.038 t = 11.221 ***
Y 复购意愿	中介效应/总效应	0.817 × 0.292/0.907 = 26.30%	
	中介效应方差变异	28.39%	
	检验结果	中介效应显著（部分中介效应）	
X2 配送效率预期	第一步	Y = 0.632X	SE = 0.044 t = 15.116 ***
	第二步	M = 0.372X	SE = 0.051 t = 8.389 ***
	第三步	Y = 0.197M + 0.503X	SE = 0.041 t = 6.355 *** SE = 0.050 t = 12.127 ***
Y 复购意愿	中介效应/总效应	0.372 × 0.197/0.632 = 11.59%	
	中介效应方差变异	12.92%	
	检验结果	中介效应显著（部分中介效应）	

注：SE 表示标准误；*** 表示在 0.001 水平上显著；** 表示在 0.01 水平上显著；* 表示在 0.05 水平上显著。

从表 4 – 10 可以看出，价格接受度在质量预期和复购意愿之间起部分中介作用，中介效应占总效应的 19.27%，价格接受度的中介效应解释了质量预期中的 24.24%；价格接受度在配送效率预期和复购意愿之间起部分中介作用，中介效应占总效应的 20.27%，价格接受度的中介效应解释了配送效率预期中的 25.35%。检验结果支持假设 H4 – 3a。

从表 4 – 11 可以看出，实体店模式抛弃度在预期变量和复购意愿之间的中介效果不显著，拒绝假设 H4 – 3b。

从表 4 – 12 可以看出，O2O 模式接受度在质量预期和复购意愿之间起部分中介作用，中介效应占总效应的 26.30%，O2O 模式接受度的中介效应解释了质量预期中的 28.39%；O2O 模式接受度在配送效率预期和复购意愿之间起部分中介作用，中介效应占总效应的 11.59%，O2O 模式接受度的中介效应解释了配送效率预期中 12.92%。检验结果支持假设 H4 – 3c。

4.6　结果讨论

通过实证我们发现，质量预期是消费者对 O2O 模式接受度的首要影响因素，而配送效率预期是消费者对 O2O 价格接受度的首要影响因素，同时，生鲜产品质量对价格接受度同样有重要影响。换句话说，在 O2O 模式中的众多影响因素里，最为传统的产品质量对于模式本身的认可是最重要的。而这里的质量是与实体店的比较质量，是实体店优中选优的质量。也就是说，只有优中选优的生鲜产品，才能用来网上销售。唯有如此，才能获得网购者对高于实体店价格的认可，以及对 O2O 模式的认可。本书把这个规律称为"优中选优"网上销售模式。这一模式是支撑生鲜 O2O 模式生存发展的根本规律和基本模式。所有网上营销的生鲜 O2O 电商，只有坚持这个模式、这个定律，才能使网上营销畅行无阻。试想，如果用高于实体店的价格，买的却是和实体店一样质量的生鲜产品，这样的生鲜 O2O，这样的网上营销，无论一时怎样兴隆，都是不可能长久的。只有用高于实体店的价格买到实体店中优中选优的生鲜产品，让网购者实实在在地感到物有所值，只有这样的网上营销，这样的 O2O 模式，才能够生存发展并逐步壮大，真正兴隆起来。

本书在对生鲜 O2O 质量预期、配送效率预期与 O2O 模式接受度以及复购意愿之间的关系分析中，也进一步证实了生鲜 O2O 产品的质量与及时高效的配送效率，对生鲜 O2O 模式的生存发展具有重要的作用。

生鲜 O2O 模式的兴起，对于互联网时代农产品销售商业模式的创新将产生推动作用，对解决"三农"问题，推动农民实现小康，对促进我国农村商业经济升级转型都具有十分积极的意义。生鲜 O2O 模式将给农村发展带来新的机遇，它打破了农民负责生产，商人负责销售的旧有格局，使农民实现对自有产品的营销成为可能，并从中获取可观的利益，这有利于农民尽快富裕起来。生鲜 O2O 模式的兴起与不断发展，也为快递业提供了新的商机，随着大量的农民加入网上营销，快递的运邮车就会从旧有的大街小巷延伸到果农菜农的田垄里，承担起包装配送的使命。而果农菜农在田垄上枝头间的优中选优，其生鲜果蔬的优质体验，将使网购产生极强的吸引力。所以网上营销的"优中选优"定律，将为生鲜 O2O 模式构筑起足以支撑其发展壮大的比较优势。

（1）农产品销售地点的光环作用突出，积极打造高信任度的销售平台。从实证检验中可以看到，销售地点信任度的作用非常重要。在奶制品的选购过程中，消费者更加信任高知名度的销售地点，大型商场超市会给人其产品更安全质量更可靠的感觉。因此，对于企业而言，打造或加入高信任度的销售平台尤为重要。而这一点，对于农产品而言，也是特别需要重视的问题。农产品的销售场所相对多样，包括街边小市场，也包括大型商场超市。而伴随着消费者对产品质量安全的重视程度的不断提升，越来越多的消费者，尤其是年轻一代人更喜欢去大型商场超市购买包装干净、甚至是品牌的精品果蔬等农产品。即使价格高一点，但是在质量安全方面，消费者会有更放心的感觉。这也是当下农产品消费升级的重要表现。

（2）农产品标注信息越来越得到消费者重视，企业营销要积极利用。随着健康生活的理念越来越深入人心，消费者越来越重视生活品质。体现在农产品及深加工产品的购物过程中，就会越来越多地关注原料成分和加工方式。例如，脂肪含量、钙含量以及热量等信息，消费者会格外关注。而对于农产品，这类信息的标注做得还不是很完善。加工后的农产品会有包装上的标注信息，而初级农产品往往没有这类成分信息，或者说是关键成分信息缺乏。但实际上，农产品一定会存在值得消费者关注的各种营养成分的含量信息的。如果能在包装上标注，对于提升农产品附加值，打造精品农产品，提升品牌形象，将会起到积极作用。

（3）消费者对农产品标注信息的信任度有待提高，积极探索消费者可信的信息呈现方式。农产品及其制成品的标注信息是非常重要的基础安全信息，但是消费者对于标注信息的认知很多还停留在产品是否过期的判断上，并不能根据一些基础信息来判断产品质量是否更好或更安全。如果用双因素理论来解释，实际上基础信息的标注是一个能够消除不满意的因素，却不能带来满意度，所以我们会看到生产日期的信任度和其他信息信任度的关联度比较低，因为生产日期对于消费者确实不能代表或解释产品其他的情况或特征。而且对于基础信息的真伪，虽然消费者可能很少去质疑，但实际上普通消费者也很难判断真伪。在实际市场交易中，也确实存在不法商家为销售过期商品，擅自修改商品生产日期的情况。在这方面，很多企业往往会采用激光、钢印、烫金等技术打印生产日期来防止假冒。所以，对于产品标注信息的呈现方式，企业也不能轻视。目前很多农产品还没有实现包装化和信息标签化，在很多生鲜市场上的农产品往往是缺少这类信息的，随着消费升级的不断深入，消费者也会越来越重视标注信息这类基本安全信息。同时，积极利用新兴技术，例如，区块链技术。到达销售环节的农产品，经手主体众多且来源复杂，通过区块链溯源，企业除了将交易订单信息上链，还可以明确农产品来源信息，保证产品文档的完整性。另外，还可以在生产经营过程中科学划分消费群体，有针对性地提供和调整农产品可追溯信息的内容，优化营销策略。

4.7　本章小结

生鲜 O2O 模式的兴起，对于互联网时代农产品销售的模式创新将产生推动作用，对解决"三农"问题，促进我国农村商业经济升级转型具有十分积极的意义。那么，这种新兴的商业模式可持续吗？未来的发展趋势走向如何？支撑这一商业运营模式的各要素及其相互关系有何规律？认清这些问题无疑对推动这一新兴营销模式的发展具有十分重要的意义，本书采用实证的方法对上述问题进行了粗浅的研究和探析，并揭示出了农业生鲜产品网上营销的内在规律"优中选优"模式。

第5章
数字环境下原产地形象对农产品品牌化的影响路径分析

5.1 原产地形象的作用机制

2015 年中央一号文件再次聚焦"三农"。文件指出:"围绕建设现代农业,加快转变农业发展方式""大力发展名特优新农产品,培育知名品牌""支持电商、物流、商贸、金融等企业参与涉农电子商务平台建设"。农业的品牌化,是推进我国现代农业的内在要求,对于农业转型升级具有非常重要的作用。电子商务的迅速发展为农产品迅速推广自身特色提供了有利环境。农产品作为细分市场,其规模比家电、服装等大得多,由于农产品属于生活必需品,复购率也很高。但目前在电商中所占比例却很小,其发展前景十分可观。原产地是农产品质量与特色的天然标签。扎根到产业链的最深处,深入到原产地,是农产品电商发展并作出特色的重要途径。

随着产品生产分工的细化,很多产品的原产地早已不清晰,农产品恰恰是今天各类商品中与原产地联系最为紧密的一类。但是,农产品原产地在市场中被消费者熟知的并不多,在某一类农产品中有较高知名度的产地更是寥

寥无几。很多拥有较好产品质量的农产品原产地长期处于市场边缘位置。而
电子商务的发展为那些有特色潜质但仍不为消费者熟知的农产品产地提供了
营销平台。但是，依托互联网发展起来的电子商务在为企业带来宣传便利的
同时，也为消费者带来了获取信息的便利，已经具有较高知名度的产地会在
网络信息检索中获取先入优势，得到更广泛的认可，而边缘化的产地会越来
越边缘化。由于在农产品市场中，多以产地命名产品，如新疆哈密瓜、东北
大米、山东莱阳梨等等。所以，农产品原产地形象的塑造对于农产品品牌的
塑造具有重要作用。因此，农产品品牌面对的首要问题是，如何让原产地形
象发挥作用，也就是需要明确农产品原产地形象的作用路径，这是制定原产
地营销策略的基础。

原产地形象是指消费者对产品原产地的内在印象，是消费者对该产地的
一种总体感知[27]。原产地形象对消费者的影响主要表现为光环效应与概括效
应。比尔基（Bilkey）与尼斯（Nes）发现，几乎所有的研究都或明或暗地将
原产地形象看作一种光环，消费者借此推断其所不熟悉的外国品牌的质
量[100]。不过，韩（Han）指出，光环效应假设虽然有一定的道理，也非常吸
引人，但却有着先天的缺陷。即当消费者不熟悉某产地的产品时，他们才借
助原产地形象的光环效应来评价产品[27]。那么，如果消费者熟悉产品时又会
如何呢？为此，韩（Han）进行了专门的研究，并进一步解释了光环效应模
型与概括效应模型。

实际上，产品质量的不确定性是普遍现象，许多产品在使用前其质量都
难以评价。甚至有许多产品，即使你经常购买，也难以观察到其属性，如餐
饮、服装等。产品复杂性的增加，产品质量信息的获得就显得日益重要。光
环效应模型假定，由于消费者在购买前不能够准确判定某产地产品的真实质
量，因而求助于原产地线索来推断其所不熟悉的产品的质量[101]。这种观点
类似于产品评价中价格所发挥的作用。有研究表明，在消费者购买决策过程
中，价格经常会发挥信息替代作用：当产品信息缺乏或消费者不熟悉所购买
的产品时，消费者往往将价格作为重要线索来评价产品质量[49]。原产地形象
的光环效应有两个理论含义：一是消费者依据原产地形象推测产品质量；二

是原产地形象影响产品属性评价[26]。原产地形象作为一种光环，直接影响消费者的判断，原产地形象越好，消费者的产品评价也会越高，并通过所形成的信念间接影响产品的总体评价[28]。因此，光环效应模型可以表示为图 5 – 1 中（a）的模型。

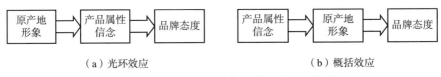

（a）光环效应　　　　　　　　　　　　　　　（b）概括效应

图 5 – 1　原产地形象的光环效应和概括效应

原产地形象如同品牌形象一样，还可以被看作一个概括性构念。同一产地的品牌往往具有相似的产品特征，消费者能够从中提炼信息[29]。由于在某种程度上来自同一原产地的品牌被认为具有相似的属性，消费者就能够从来自同一原产地的品牌中概括出产品特征，从而形成具体的产地信息，来影响品牌态度[30]。概括效应假设也具有两个理论含义：一是消费者从产品信息中概括出原产地形象；二是原产地形象直接影响消费者对来自该产地的品牌态度。因而，概括效应模型可以表示为图 5 – 1 中（b）的模型。

目前网民结构中，年轻人居多，尤其在大都市，由于工作压力大，时间安排紧张，很多年轻人选择不做饭。中老年消费群体在传统习惯的影响下更倾向于可见实物的消费，对于虚拟网络购物仍心存疑虑，因而放弃通过农产品电子商务网站采购日常食用的菜蔬米面等农产品，这样也就形成了"上网的不买菜，买菜的不上网"的现实情形。同时，可靠的交易、个人的信息安全以及付款和配送都在影响消费者的网购意愿[72]。因此，在将农产品电商作为研究对象时，我们面对的消费群体实际上对产品并不熟悉。在这种情况下，光环效应更适合我们的研究。因此，我们在接下来的理论模型构建中将以原产地形象的光环效应模型作为基础。

5.2 研究假设的提出

5.2.1 农产品原产地形象对属性信念的影响

根据上文对原产地形象光环效应的阐述，原产地形象首先是对消费者产品属性信念产生影响。但是这种影响在消费者的意识当中究竟表现为什么？我们如何对其测量？这里，我们将产品的消费者价值概念引入本书中。因为无论是产品的什么因素对消费者产生了什么样的影响，消费者对其产生关注的根本原因在于这个因素对消费者有价值，这是最根本的原因。因此，从这个角度讲，原产地形象为什么能够引起消费者的注意，成为影响消费者购物判断的重要因素并成为学界的关注因素，关键在于原产地形象对消费者有价值，也就是原产地形象的消费者价值。在前文我们已经提到，在农产品领域，很多产品以产地命名，产地自然而然地成了农产品的品牌。因此，基于这样一种普遍现象，我们将参考品牌的消费者价值维度，结合原产地形象的特征，构建原产地形象的消费者价值维度。

已有不少学者对消费者品牌心理需求展开了研究，凯勒（Keller）提出品牌的价值包括三个部分：功能价值、象征价值和体验价值。功能价值指产品本身的使用价值；象征价值意味着消费者将品牌作为其身份和地位的象征；体验价值则是指在使用品牌过程中所享受到的心理体验。而原产地形象由于本身并不直接体现产品特征，故其价值更多地体现为虚拟价值，也就是一种感受价值，反映的是消费者的一种心理需求[102]。同时，考虑到原产地的象征性特征，例如，很多消费者会认为发达国家的产品质量更好，偏远山区的农产品更为绿色健康无污染等。而且，原产地形象的价值还有可能是后验的，也就是因为使用过该产地的产品并产生一种心理体验，从而对该产地留下深刻印象，形成原产地形象的体验价值[103]。基于以上分析，我们将原产地形象的消费者价值维度设定为象征性价值和体验性价值。

对于消费者产品属性信念维度的划分，首先要对消费者产品信念这个名词给出恰当解释。消费者产品属性信念来自原产地效应研究中。所谓属性，即指产品所包含的各类特征，这类特征与原产地形象紧密相关。所谓信念，即消费者相信产品达到某种品质或拥有满足某些需要的特征，指的是消费者对产品的评价[104]。由于本书以原产地形象光环效应为基础，为尊重前人在原产地效应领域的研究成果，我们依然沿用原有的名词。对于消费者产品属性信念应包含哪些维度，不同类别产品由于特征不同，所以也不可能给予其统一的设定。另外，为了更好地设定维度，对于消费者产品属性信念这个概念有必要作进一步的解释。前文对原产地形象的分析我们引入了消费者价值，同样，消费者产品属性信念本身指消费者对产品的评价，这种评价的依据也恰恰是产品对消费者的价值。所以说，消费者产品属性信念实际上是产品的消费者价值。基于以上分析，对于本书研究的农产品电商品牌，由于是在电子商务环境下，涉及互联网因素，我们对于其维度的划分参考互联网渠道顾客感知价值的维度划分。互联网渠道顾客感知价值是顾客对通过网络商店达成其消费目的的评价，分为三个维度：结果性价值、程序性价值和情感性价值。首先，结果性价值是顾客对网店产品和服务满足其需求程度的评价。其次，程序性价值是顾客感知对网店购买过程满足其需求的评价，虽然消费者产品属性信念本身所表达的含义是指消费者对于原产地形象相关属性的评价，程序性价值在含义上与原产地形象并不直接相关，但是程序性价值是网络购物的重要组成部分[105]。原产地形象从情感上是否会带来消费者对非直接相关因素态度的变化也值得我们探究，因此程序性价值对于我们的研究依然很重要。最后，情感性价值是顾客对网店购物满足其情感需求的评价[106]。使用互联网渠道顾客感知价值维度的原因如下：第一，感知价值是顾客的一种偏好和评价，与我们上文所强调的消费者产品信念所表达的含义是一致的，都是一种评价；第二，评价的对象是扮演消费渠道角色的网络零售商店，本书的研究对象是农产品电商，也属于网络零售店。因此，基于以上分析，我们将消费者产品信念的维度设定为结果性价值、程序性价值和情感性价值三个维度。

根据原产地形象的光环效应理论，原产地形象对产品属性信念的影响总体上是正向的。但是，对于划分后的各维度间的相互影响则需要进一步分析论证。原产地形象的象征性价值由于距离产品本身特征的评价更远，也就是更反映出消费者的心理层面[107]。因此，我们认为，象征性价值对情感性价值的正向影响会更显著。而原产地形象的体验价值是建立在消费者对产品的体验基础上的，所以在这方面与消费者所实际使用产品的结果联系会更为紧密。因此，我们认为体验价值对结果性价值的正向影响会更为显著。对于农产品电商品牌的程序性价值，由于该价值反映的是操作层面的消费者感知，原产地形象的消费者价值对其影响会比较弱，但是又不能忽视这种影响。所以基于以上分析，对于农产品原产地形象对消费者产品属性信念的影响，作出如下假设：

H5 – 1a：原产地形象的象征性价值对农产品电商品牌的情感性价值有显著的正向影响。

H5 – 1b：原产地形象的体验性价值对农产品电商品牌的结果性价值有显著的正向影响。

5.2.2 产品属性信念对品牌态度的影响

本书对农产品电商品牌态度的维度划分采用现有的关于态度的研究中普遍得到认可的模型之一——态度三重模型（也被称为"ABC 模型"），该模型认为，态度由认知、情感和购买意愿构成。研究发现认知能够引起情感的共鸣，同时情感又会导致行为意向的发生[75,108]。但是，情感与认知不同，情感不是认知的一部分也不依赖于认知而存在[109]。在某些情况下，情感控制认知[32]。认知性态度和情感性态度共同影响消费者购买意愿，三者存在递进关系。

根据原产地形象的光环效应理论，产品属性信念对品牌态度的影响总体上是正向的。但是，对于划分后的各维度间的相互影响还需要进一步分析论证。结果性价值与认知性品牌态度的联系较为紧密，二者都更看重产品实际使用的结果[31]。而消费者的购买意愿则更多地取决于产品购买的过程与产品使用的结果预判，即消费者能不能买得到、购买行为本身方不方便，也就是农产品电商的网上交易程序以及后续的配送能否让消费者放心。因此，结果性价值和程序性价值与购买意愿联系得更为紧密。情感性价值未必能吸引消费者去购买，因为消费者还要考虑实际需求和行为是否值得发生。因此，情感性价值更多地影响的是情感性品牌态度。基于以上分析，作出如下假设：

H5 – 2a：农产品电商品牌的结果性价值对认知性品牌态度有显著的正向影响。

H5 – 2b：农产品电商品牌的结果性价值和程序性价值对品牌购买意愿均有显著的正向影响。

H5 – 2c：农产品电商品牌的情感性价值对情感性品牌态度有显著的正向影响。

5.2.3　消费者品牌态度对农产品品牌化的影响

从前文对电子商务环境下的农产品品牌化的阐述中可以看出，品牌化实质上是品牌知名度的提升，本书研究的农产品电商品牌化，也可以这样阐述，即如何提升农产品电商的品牌知名度。提升品牌知名度所面对的直接问题就是消费者对品牌的态度，也就是原产地光环效应中最后指向的品牌态度变量。但在品牌态度的三个维度中，哪个维度影响最显著则需要进一步分析论证。从消费者通常的消费行为来看，品牌购买意愿是品牌在消费者心目中地位的最好证明[110,111]。另外，前文中对品牌态度三个维度的分析中已阐明，三者从认知到情感再到购买意愿是相互递进的关系。因此，情感性品牌态度与品牌在消费者心目中的形成的关系应该仅次于品牌购买意愿。而认知性品牌态度只处于消费者品牌态度形成的初级阶段，影响可能并不显著。基于以上分析，作出如下假设：

H5-3：情感性品牌态度和品牌购买意愿对农产品电商品牌在消费者心目中的形成具有显著的正向影响。

至此，我们在理论上初步建立起了原产地形象对农产品电商品牌化的影响路径及主要因素所包含的维度，如图5-2所示。

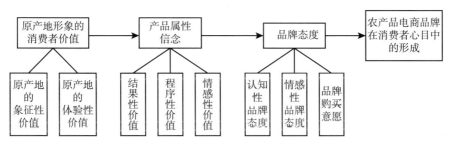

图5-2　原产地形象对农产品品牌的影响路径概况及各因素维度

5.3　影响路径假设模型

根据上面对各因素维度的构建以及假设的提出，我们建立了研究的假设模型如图5-3所示。模型由三个路径段组成，通过对具体维度的研究来体现其中更加细微的关系。模型的初始路径段是原产地形象对产品属性信念的影响，通过原产地形象的象征性价值和体验性价值对产品的结果性价值、程序性价值以及情感性价值的影响加以研究；模型的中间路径段是产品属性信念对品牌态度的影响，通过产品的结果性价值、程序性价值以及情感性价值对认知性品牌态度、情感性品牌态度以及品牌购买意愿的影响加以研究；模型的路径最终端是研究品牌态度的三个维度对品牌在消费者心目中的形成具体会有什么程度的影响。图5-3以直观的形式展示该模型各变量间的关系路径。

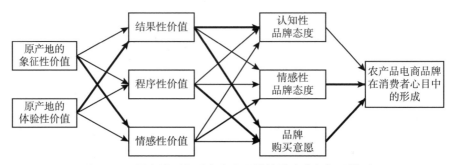

图 5 - 3　原产地形象对农产品品牌的影响路径假设模型

注：加粗箭头显示假设中所提出的影响显著关系的路径。

根据图 5 - 3 中加粗箭头直线所显示的路径，我们可以得出更清晰直观的路径图，如图 5 - 4 所示。在图 5 - 4 中，我们可以更清晰地看到假设的影响路径所包含的几种情况。这里要对图 5 - 4（d）中的路径图作出一些补充说明。该路径图中，程序性价值对购买意愿再对品牌形成的影响路径可以由假设 H5 - 2b 和假设 H5 - 3 来解释，但从路径完整性的角度，原产地形象对于程序性价值是否有影响，按照前文的分析所说，程序价值在含义上与原产地形象并不直接相关，但是程序性价值作为网络购物的重要组成部分，原产地形象从情感上是否会带来消费者对非直接相关因素态度的变化却值得我们探究。因此，对于图 5 - 4（d）中路径图，我们将象征性价值和体验性价值均做了一个箭头指向程序价值。

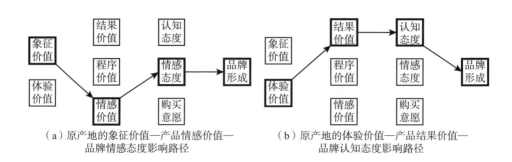

（a）原产地的象征价值—产品情感价值—
　　品牌情感态度影响路径

（b）原产地的体验价值—产品结果价值—
　　品牌认知态度影响路径

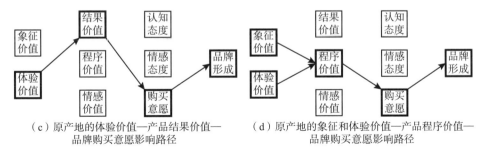

（c）原产地的体验价值—产品结果价值—
品牌购买意愿影响路径

（d）原产地的象征和体验价值—产品程序价值—
品牌购买意愿影响路径

图 5 - 4　影响路径汇总

注：加粗部分代表关系路径。

5.4　研　究　方　法

5.4.1　研究样本

研究样本包括两部分：一是产品与品牌的选择；二是消费者的选择。为了更准确地确立调查的样本范围，以保证研究样本的状况与本书研究内容相吻合：一方面，选择的产品要在电子商务平台上有一定销量，无论是否知名，至少能在网购市场上争取到了一定数量的消费者；另一方面，要避免出现大量很少进行农产品网购的消费者成为调查样本，造成数据结果根本不反映相应消费群体的实际状况。

农产品是指来自农业的初级产品，即在农业活动中获得的植物、动物、微生物及其产品。国家规定的初级农产品包括：烟叶、毛茶、食用菌、瓜果蔬菜、花卉苗木、粮油作物、牲畜等动物类、动物皮毛、鲜蛋鲜奶等动物附属产品、水产品、林业产品以及其他植物（如棉花、席草）等。但对于普通消费者的日常农产品消费而言，一些农产品离我们的距离还是有些远，例如，普通消费者购买香烟、皮革制品、棉服、木制家具等，但很少有人去买未经过加工的烟叶、动物皮毛、棉花、原木等一些初级农产品。因此，在调研中，结合普通消费者的日常消费的实际情况，我们将农产品划分为茶叶、食用菌（香菇、木耳等）、水果、蔬菜、花卉苗木、奶蛋制品、粮油、水产品。为了进一步对调研的产品和消费群体进行筛选，我们首先进行对于网购经历的测量。测量问项为：是否有过多次从网上购买该产品的成功经历。所谓成功经历是指顺利买到令自己满意的产品，被调查者只需回答是或不是。调研选择在哈尔滨、沈阳、北京、济南和上海开展，调查结果如表 5 - 1 所示。

表 5 - 1 农产品网购经历调查结果

项目		年龄														
		18 ~ 25 岁		26 ~ 30 岁		31 ~ 35 岁		36 ~ 40 岁		41 ~ 45 岁		46 ~ 50 岁		51 ~ 55 岁		56 岁及以上	
性别		男	女	男	女	男	女	男	女	男	女	男	女	男	女	男	女
样本数（人）		495	497	500	495	490	500	489	483	480	475	474	483	479	475	470	481
产品类别（%）	茶叶	20.4	18.7	33.8	27.5	29.5	22.4	22.9	19.5	17.1	15.8	12.5	11.0	7.7	6.5	5.5	3.3
	食用菌	6.5	8.9	10.2	18.0	12.0	19.4	9.6	17.2	6.5	13.1	3.6	10.1	2.3	6.3	1.1	3.5
	水果	18.8	21.3	17.8	23.2	16.1	21.8	10.4	16.8	8.1	13.7	5.5	10.6	3.3	7.4	0.6	2.7
	蔬菜	1.0	3.0	0.6	2.4	0	1.6	0	1.2	0	1.1	0	0	0	0	0	0
	花卉苗木	1.2	4.0	1.8	3.6	1.2	3.2	0.6	1.9	0	1.3	0	0	0	0	0	0
	奶蛋制品	35.6	36.4	38.8	39.4	20.6	23.0	10.8	16.8	6.9	12.8	7.8	10.6	4.4	6.5	1.5	2.3
	粮油	2.8	4.6	5.2	10.3	6.1	14.6	3.9	10.4	2.5	4.4	0	0	0	0	0	0
	水产品	2.2	3.2	2.8	3.4	2.4	2.2	1.4	0.4	0	0	0	0	0	0	0	0

注：网购经历超过 10% 的数字底纹标示为灰色，以清晰地显示哪些农产品网购需求较多，并将每类产品中网购比率最高的三个年龄段对应的数字标注了下划线。

从表 5－1 可以看出，茶叶、食用菌、水果、奶蛋制品以及粮油的网购需求较多，消费群体集中在 40 岁以下的女性。根据表 5－1 所体现的农产品网购较多的年龄段、性别以及产品，我们有针对性地进行了第二次问卷调查。

对于调研产品，我们在淘宝网、京东网上商城等购物网站对茶叶、食用菌、水果、奶蛋制品以及粮油产品进行了详细的搜索。发现茶叶的品种与产地极其繁多，而且由于消费者需求的差异，各类茶叶的网上销量都是很可观的，这就导致我们无法选取几个代表性的品种和产地做调研。毕竟本书不是专门针对茶叶产地的研究，因此，调研产品排除掉了茶叶。因此，我们决定从食用菌、水果和粮油中选择产地，通过在淘宝网、京东网上商城等购物网站的搜索，根据网上销量，我们选择了大米、红富士、脐橙、梨，对于食用菌，则根据网上商家产品的实际情况使用"蘑菇、木耳等食用菌"来作为调研产品名称。

调研依然选择在哈尔滨、沈阳、北京、济南和上海开展，调研对象选择 18～40 岁的女性。调研内容除了"网购经历"以外，还包括"产地联想"，即在提到某种产品时，消费者是否能想到某产地的该种产品质量较好或知名度较高。被调查者只需回答是或不是。发放问卷 1200份，有效回收问卷 1066 份，有效回收率 88.83%。调查结果如表 5－2所示。

从表 5－2 可以看出，在大米的产地中，东北和泰国的产地联想和网购经历是最高的，蘑菇、木耳等食用菌是大兴安岭和长白山，红富士是山东烟台和陕西洛川，脐橙是江西赣南，梨是新疆库尔勒和山东莱阳。这九个产地将作为第三次问卷调查测量问项的选项产地，即受访者在每个问题下分别对这九个产地进行回答，调研依然选择在哈尔滨、沈阳、北京、济南和上海开展，调研对象依然选择 18～40 岁的女性，收集的数据经整理后将直接用于假设模型的检验。

表 5 - 2　　　　　　　特定产品的产地联想与网购经历　　　　　　　单位：%

类别	标注产地	产地联想	网购经历	类别	标注产地	产地联想	网购经历
大米	宁夏	17.5	11.3	红富士	山东蓬莱	20.2	9.8
	贵州	8.9	6.8		陕西洛川	50.6	20.4
	五常	27.5	17.5		甘肃静宁	14.3	8.9
	盘锦	10	7.3		沂蒙山	13.1	8.2
	三江平原	23.4	13.2		美国	24.3	13.5
	江苏射阳	14.2	9.1		新西兰	12.5	4.1
	吉林秋田	11.4	8.2		江西赣南	58.8	29.9
	方正	7.7	4.2	脐橙	湖南怀化	12.1	16.7
	东北	76.5	28.6		四川蒲江	8.7	11.6
	泰国	84.1	25.7		广西	7	10.1
	柬埔寨	12.5	9.3		湖南永兴	15.9	13.4
蘑菇、木耳等食用菌	牡丹江	7	3.3		美国	26.1	21
	云南临沧	7.8	5.4		西班牙	8.3	6.8
	湖北宜昌	5.5	3.1		埃及	5.1	3.2
	云南丽江	9.3	7.4	梨	新疆阿克苏	19.8	15.9
	三江平原	11.5	9.1		新疆库尔勒	37.1	22.2
	大兴安岭	71.1	20.5		山东莱阳	61.1	24.3
	辽宁朝阳	7.8	4.8		河北赵县	17.5	10.1
	长白山	66.1	16.3		安徽砀山	8.2	6.1
红富士	山东烟台	63.3	28		山西运城	11.2	7.2

注：表中灰色底纹为网购经历相对较高，作为第三次问卷调查测量问项的选项产地。

5.4.2　测量工具

象征性价值与体验性价值。我们采用于春玲等设计的品牌象征性价值和品牌体验性价值问卷，依据消费者感觉程度采用七点测量法。品牌象征性价值问卷有 3 个测量问项，例如，"您喜欢这个品牌的广告吗？""风格上，该品牌符合您的品位和个性吗?"等[112]。在本书中,其 Cronbach's α 系数为 0.91。品牌体验性价值问卷有 2 个测量问项,包括"这个品牌能引发您在情感方面联想吗?""在使用这个品牌产品的过程中,它给您带来很多快乐吗?"[24]。在本书中,其 Cronbach's α 系数为 0.83。

结果性价值和情感性价值。我们采用斯威尼(Sweeney)和苏塔(Soutar)设计的问卷,采用七点测量法。结果性价值该问卷包含 6 个测量问项,例如,"购买到的商品是否满足需要?""服务是否有卓越的价值?"等[113]。在本书中,其 Cronbach's α 系数为 0.87。情感性价值包括 7 个测量问项,例如,"对该产品的消费是否被他人和社会认可?""消费者的购物过程是否是没有压力和放松的?"等[113]。在本书中,其 Cronbach's α 系数为 0.90。对于程序性价值,我们采用戴维斯(Davis)等设计的程序性价值问卷,该问卷包含 4 个测量问项,例如,"购物过程是否简单?""购物是否便利?"等[114]。在本书中,其 Cronbach's α 系数为 0.84。

品牌态度。我们采用周文辉和杨晋设计的从三个维度 9 个题项进行测量的问卷,采用七点测量法。三个维度在前文已经提到,即认知性品牌态度、情感性品牌态度以及品牌购买意愿[115]。认知性品牌态度包括 3 个测量问项,例如,"该产品很好""该产品物有所值"等[115],其 Cronbach's α 系数为 0.82;情感性品牌态度包含 3 个测量问项,例如,"喜欢该产品""信赖该产品"等[115],其 Cronbach's α 系数为 0.87;品牌购买意愿包括 3 个测量问项,例如,"购买该产品的可能性极大""购买此类产品时会优先考虑该产品"等[115],其 Cronbach's α 系数为 0.92。

农产品电商品牌在消费者心目中的形成。由于本书研究的农产品电商品牌主要聚焦于直接以原产地命名的农产品电商,即原产地名称就是该类产品通过网店经营的品牌名称。因此,品牌在消费者心目中的形成实际上相当于前文提到的"产地联想",即在提到某种产品时,消费者是否能想到某产地的该种产品质量较好或知名度较高,依据消费者能够联想到某产地的程度,或者说是该产地在消费者心目中的正面形象或好感度,采用七点测量法进行测量。

本书使用 SPSS 20.0 对数据进行相关分析和回归分析。相关分析是研究不同变量间密切程度的一种十分常见的统计方法，相关系数则是描述这种线性关系程度和方向的统计量，其值在（-1,1）之间。相关系数绝对值越大说明变量间相关性越强，反之越弱。相关系数为正说明变量间呈正相关关系，为负则变量间呈负相关关系。但不能确定这两类现象之间哪个是因，哪个是果。所以本书应用 SPSS 20.0 来初步验证因变量和自变量之间的相关性，要进一步知道变量之间的因果关系如何，就要使用回归分析。多元回归分析是多个自变量的最优化组合。因为相关分析并不能确定这些关联的程度，这就需要建立回归方程来预测因变量的关联程度，通过方程分析结果可以判断哪些因素是导致因变量变化的解释变量，以及这种影响力的大小和方向。回归系数表示假设在其他所有自变量不变的情况下，某一个自变量的变化引起因变量变化的比率。本书在相关分析的基础上，对因变量和自变量作多元回归分析，得出自变量对因变量变化的影响程度和影响方向，从而根据回归分析结果进行本研究的结论探讨。

5.5 研究结果

5.5.1 产品属性信念与原产地形象消费者价值的关系

围绕"象征性价值 – 情感性价值""体验性价值 – 结果性价值"正向关系的检验如下。

5.5.1.1 相关分析

相关分析结果摘要如表 5 – 3 所示，情感性价值对于象征性价值的相关性在 0.9 以上，结果性价值对于体验性价值的相关性在 0.8 以上，而其他变量间的相关系数均较低。因此，情感性价值与象征性价值的正相关关系以及结果性价值与体验性价值的正相关关系均得到初步验证。

表 5 − 3　　　　产品属性信念对于原产地形象消费者价值的相关分析结果

变量	相关系数		
	结果性价值	程序性价值	情感性价值
象征性价值	0.353	0.274	**0.929**
体验性价值	**0.807**	0.209	0.437

5.5.1.2　回归分析

标准化后的回归分析结果摘要如表 5 − 4 和表 5 − 5 所示，象征性价值对情感性价值的显著正向影响以及体验性价值对结果性价值的显著正向影响均得到了进一步验证，假设 H5 − 1a 和假设 H5 − 1b 是成立的。

表 5 − 4　　　　标准化后的情感性价值对于象征性价值的
回归方程系数及显著性检验

模型	回归系数	T	Sig.
象征性价值	0.817	11.013	0.000

注：因变量——情感性价值。

表 5 − 5　　　　标准化后的结果性价值对于体验性价值的
回归方程系数及显著性检验

模型	回归系数	T	Sig.
体验性价值	0.754	10.401	0.000

注：因变量——结果性价值。

5.5.2　品牌态度与产品属性信念的关系

围绕"结果性价值 − 品牌购买意愿""情感性价值 − 情感性品牌态度"

正向关系的检验如下。

5.5.2.1 相关分析

相关分析结果摘要如表 5 - 6 所示，品牌购买意愿对于结果性价值的相关性在 0.8 以上，情感性品牌态度对于情感性价值的相关性在 0.9 以上，而其他变量间的相关系数均较低。因此，结果性价值与品牌购买意愿以及情感性价值与情感性品牌态度的正相关关系得到初步验证。

表 5 - 6　　　　　　品牌态度对于产品属性信念的相关分析结果

变量	相关系数		
	认知性品牌态度	情感性品牌态度	品牌购买意愿
结果性价值	0.481	0.509	**0.818**
程序性价值	0.223	0.194	0.395
情感性价值	0.277	**0.906**	0.497

5.5.2.2 回归分析

在相关分析基础上，分别对品牌购买意愿与结果性价值、情感性品牌态度与情感性价值进行回归分析，标准化后的回归分析结果摘要如表 5 - 7 和表 5 - 8 所示。结果性价值对品牌购买意愿的正向影响以及情感性价值对情感性品牌态度的正向影响得到了进一步证实。假设 H5 - 2c 成立，假设 H5 - 2b 部分成立。

表 5 - 7　　　　　标准化后的品牌购买意愿对于结果性价值的
回归方程系数及显著性检验

模型	回归系数	T	Sig.
结果性价值	7.399	9.107	0.000

注：因变量——品牌购买意愿。

表5-8 标准化后的情感性品牌态度对于情感性价值的
回归方程系数及显著性检验

模型	回归系数	T	Sig.
情感性价值	8.216	10.409	0.000

注：因变量——情感性品牌态度。

5.5.3 情感性品牌态度和品牌购买意愿对品牌形成的影响

围绕情感性品牌态度和品牌购买意愿对品牌形成的影响的检验如下。

5.5.3.1 相关分析

相关分析结果摘要如表5-9所示，情感性品牌态度和品牌购买意愿对农产品电商品牌在消费者心目中的形成的相关性均在0.8以上。

表5-9 农产品电商品牌在消费者心目中的形成
对于品牌态度的相关分析结果

变量	相关系数
认知性品牌态度	0.539
情感性品牌态度	**0.877**
品牌购买意愿	**0.858**

5.5.3.2 回归分析

标准化后的回归分析结果摘要如表5-10所示，品牌购买意愿对于农产品电商品牌在消费者心目中的形成的影响最大，情感性品牌态度的影响次之，假设H5-3成立。

表 5 – 10　标准化后的农产品电商品牌在消费者心目中的形成对于
品牌态度的回归方程系数及显著性检验

模型	回归系数	T	Sig.
情感性品牌态度	7.767	10.023	0.000
品牌购买意愿	8.366	11.787	0.000

注：因变量——农产品电商品牌在消费者心目中的形成。

5.5.4　主要影响路径

通过验证，假设 H5 – 1a 和假设 H5 – 1b 均成立，即原产地形象的象征性价值对农产品电商品牌的情感性价值有显著的正向影响，原产地形象的体验性价值对农产品电商品牌的结果性价值有显著的正向影响；假设 H5 – 2b 部分成立，农产品电商品牌的结果性价值对品牌购买意愿有显著的正向影响；假设 H5 – 2c 成立，农产品电商品牌的情感性价值对情感性品牌态度有显著的正向影响；假设 H5 – 3a 和假设 H5 – 3b 均成立，即情感性品牌态度和品牌购买意愿对农产品电商品牌在消费者心目中的形成具有显著的正向影响。成立的假设体现为如图 5 – 5 所示的两个路径。

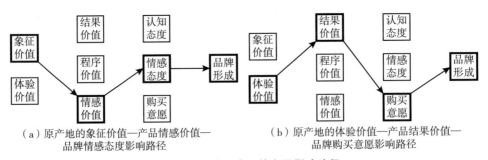

（a）原产地的象征价值—产品情感价值—　　　　（b）原产地的体验价值—产品结果价值—
品牌情感态度影响路径　　　　　　　　　　品牌购买意愿影响路径

图 5 – 5　经验证成立的主要影响路径

注：加粗部分代表关系路径。

5.6 结 果 讨 论

通过实证，农产品原产地形象的象征性价值主要是通过产品情感性价值，再通过品牌情感态度来影响品牌形成。我们可以称其为原产地形象对农产品电商品牌化的情感影响路径。但是这种情感影响路径面临着一个现实的农产品市场现状，即农产品市场主要产品依然是非品牌化的，或者说产品品牌知名度非常弱，我们称其为市场边缘化的农产品品牌。情感影响路径源自消费者相信农产品原产地形象代表着自己对产品的某种需求，但是，消费者本身可能并没有实际使用过这种产品。因此，这种情感路径往往是由产品的高知名度产地形象发挥作用，所以，大量边缘化的农产品品牌并不具备这种先天优势。例如，东北地区的一些农产品，东北地区在农产品生产方面是全国知名的，东北黑土地给农作物的生长带来很多天然优势。因此，这种知名度带来了消费者的信任。这种信任初期是认知上的，基于消费者对产地的了解。随着了解程度的加深，逐步上升为情感性的支持，这时，这种农产品对于消费者而言，开始具有了它的情感性价值。当单一产品的情感性价值累积为同一品牌的多种产品的情感性价值时，消费者就会逐步产生对该农产品品牌的情感性态度。当然，品牌的情感性态度也有可能是建立在单一产品基础上的。某品牌下只有这一种农产品，这种情况事实上在农产品市场是很常见的。情感影响路径很好地解释"东北大米"的原产地效应，因为东北作为地理特征广为人知的地区，本身就已经存在原产地形象了。而"五常"作为东北地区的一个小城，除了今天已经出名的"五常大米"外，普通消费者很难再联想到其他什么形象特征了。而且一个品牌原产地往往对应一种农产品，而不是一类农产品。所以消费者很难通过多种产品的消费体验来评价一个产地。也就是说，农产品原产地形象形成的依托资源往往比较窄，一个小地区生产的多种农产品很难都具有竞争力。而今天很多边缘化的农产品原产地大多都是这样的小地区。对于这类先天形象基础薄弱的农产品产地也可以利用原产地做营销，而且对于这些地区，原产地所赋予的天然形象潜质很可能是它们所掌握的不多的可待挖掘的重要资源。事实上，不仅是五常地区，还有很多小地区，在这方面做得很好，可以说是在农产品上，小地区有大名气。这说明先天形象基础薄弱的农产品产地是可以在原产地营销上做大做强的，是可以做成大品牌的。另外，电子商务的发展对于边缘化原产地知名度的提升是一大机遇，当然，机遇往往与挑战并存，小地区需要适应大环境，才能把边缘化的农产品品牌打入主流市场。

另外，农产品原产地形象也有可能源自消费者自身的消费体验，也就是原产地形象的体验价值。通过实证，我们验证了农产品原产地形象的体验价值主要通过产品的结果性价值，再由品牌的购买意愿来影响品牌形成。这一过程强调消费者的最终消费与产品使用结果的影响。因此，我们称其为农产品原产地形象结果影响路径，此影响路径源自消费者对农产品的实际消费结果。由于本书研究的是电子商务环境下的农产品品牌，也就是农产品电商品牌发展的问题，因此消费者对产品的体验是建立在农产品网购的基础上的，这种产品体验在今天可以说依然局限在极少数消费者中，这也是我们调研过程中网购经历比例极低的主要原因，这也反映出农产品网购相关课题的前沿性，目前在实际的消费市场还处于萌芽阶段。

本书的结论对企业实践也有启示。如何向消费者传递情感，如何让农产品原产地形象的"象征性价值—产品情感性价值—品牌情感态度"这一情感路径充分发挥作用，关键是在互联网环境下，在数字化媒体时代这种纷杂的信息传播环境中能够发出同一种声音。农产品由于其具有特殊性，对于通过整合资源，向消费者传递同一种声音的需求更加迫切。数字媒体时代的"碎片化"特征，使农产品的品牌传播很有必要基于全媒体以进行整合，综合运用多媒体形式全方位地展示内容，使媒介资源能被更加充分地利用，以最大化农产品原产地品牌和原产地形象的传播效果。例如，以社交网站为平台进行品牌传播，使潜在消费群体通过娱乐或游戏的方式获取产品信息。以曾风靡一时的"农场"游戏为例，农场中绝大部分的农产品实际上是源自现实生活，但所有产品只有产品名称而没有品牌名称。因此，这给农产品电商很大的网络营销空间，农产品品牌经营者可以同社交网站开展合作，让"农场"中的农产品现实化、品牌化、商业化。这种发展空间不仅仅局限于营销，甚至可以拓展成为如京东、淘宝一样的网络零售商圈，不同的是，这种商圈专注于农产品，再配合现代化的物流配送体系，使农产品电商更容易被广大消费者认可。

5.7　本章小结

原产地是农产品质量与特色的天然标签。电子商务的迅速发展为农产品迅速推广自身特色提供了有利环境。但很多拥有较好产品质量的农产品原产地长期处于市场边缘位置，制约着我国农业品牌化的进程。本章以市场中的农产品品牌为研究对象，采用实证方法，揭示原产地形象对农产品电商品牌化的影响路径，并得到如下结论：原产地形象的象征性价值对农产品电商品牌的情感性价值有显著的正向影响；原产地形象的体验性价值对农产品电商品牌的结果性价值有显著的正向影响；农产品电商品牌的结果性价值对品牌购买意愿有显著的正向影响；农产品电商品牌的情感性价值对情感性品牌态度有显著的正向影响；情感性品牌态度和品牌购买意愿对农产品电商品牌在消费者心目中的形成具有显著的正向影响。

第 6 章
数字环境下农业企业发展思维的改变

6.1 以用户为中心的互联网思维

6.1.1 互联网思维与农业发展

互联网发展到今天，已经成为人们社会生活不可缺少的构成要素。如同能源和粮食，离开互联网，如今的很多行业已经无法运作，我们的工作和生活已无法进行。互联网已经成为社会运行的最重要的基础设施之一，已经不仅仅是提高效率让工作和生活更好，而是成为一种必需品。因此，当互联网发展到今天这样一种程度时，从商业运营的视角来看，互联网思维应该成为运营理念构建的起点，应该成为商业思维的基础。

互联网本质上讲是一种平台，无论使用者的身份如何，在平台上大家共享的信息是一致的。地处偏远的消费者和身处商业中心城市的消费者在互联网上可以获取的信息是相同的。这也就意味着，互联网的这种实现用户连接的结构并不存在层级划分。当然，这里我们探讨的是公共互联网平台下的思维。组织内部网络不在探讨范围内。互联网所具有的这种共享信息的特点，实际上改变了我们社会的传统思维。企业能够通过互联网整合信息和资源。互联网的信息包容也极大地尊重了人们的个性，在满足个性需求的同时，极大地激发了人们的潜能，互联网的这些特性能够充分开发利用人的价值[116]。对于企业和社会而言，也就可以最大限度地实现经济与社会效益。当然，这里最关键的是在人们天天都在讲互联网思维的时代，我们是否真正理解了互联网思维。当今社会依然存在很多对互联网思维的误解。本书从商业运营的角度，通过对企业价值链条的分析来阐释互联网思维。

当今对互联网思维的解释非常多，无论是学者还是企业家，还是各种网络名人，都有基于自身理念和经历的各种阐释。事实上，对于互联网思维的理解，总体看可以从两个角度来理解，一个是从社会管理的角度、另一个是从商业运营的角度。虽然商业运营是本书讨论的视角，而要更好地理解，就必须先要从社会管理的视角下来理解，这对于我们真正理解互联网思维将起到提纲挈领的作用。

6.1.1.1 社会管理视角下的互联网思维

在社会管理视角下，互联网思维会让我们想到这样几个词：创新、开放、包容、共享等等。互联网思维在技术上快速更新给社会呈现了一种日新月异的公共感知状态，互联网使得每个人都能成为社会传播内容的创作者，这种开放和包容本身就酝酿着创新，更重要的是人们同时又可以共享，提升了社会整体的信息与知识传播水平[117]。社会成员从未像今天这样更容易、更快捷、更丰富地感知信息。今天的互联网思维和 20 世纪 60 年代的"地球村"概念非常相似。"地球村"这一概念认为未来人们之间的相处沟通会变得非常快捷简便。高度发达的网络让人们的言语行为都变得公开透明，很难被隐瞒，或者说人们的道德水准客观上也被这种高度发达的网络所推动提升。发达的网络带来了公开透明的环境，促使人们会自觉地抵制欺骗与谎言。人们会更诚实，社会道德水平也随之提升到一个更高的水准，技术的进步对社会管理的推动一直以来都起着重要的作用，而这也将对商业思维变革起到重要的推动作用。

6.1.1.2 商业运营视角下的互联网思维

在商业运营视角下，互联网思维强调以消费者为中心，这是今天网络环境下企业面对的客观事实。任何对此存侥幸心理的企业，企图在顾客关系上通过欺诈瞒骗来获取利益的企业都很难长久生存。一旦被媒体或顾客在网络上曝光，企业便进入危急状态。今天信息传播的速度和广度都是过去无法想象的。任何通过删帖、隐瞒来掩盖事实的公关思路和行为都已是过时的，也是无效的，甚至会雪上加霜。因此，以顾客为中心在今天互联网思维中绝不是口头上说说而已，而是需要企业真正采取实际行为，让顾客真正感受到满意。那么，从商业运营的角度，企业所利用的电商平台实际上就是互联网思维的一种载体形式，也是企业在贯彻互联网思维时真正要通过实际行动作出突破的关键点[118,119]。如何在电商平台做到以顾客为中心。电商平台的目的本质上是为顾客提供更好的服务，这是企业在互联网时代建设电商平台时要铭记于心的关键，互联网思维下，在技术的推动下，商业生态环境和运营规划的变革都在服务于以顾客为中心这一核心理念。

通过对以往相关研究的整理，目前从商业运营的角度，对互联网思维的理解主要有以下几种。

第一种，互联网思维是用户思维。用户思维，是指在价值链各个环节中都要"以用户为中心"去考虑问题。作为厂商，必须从整个价值链的各个环节，建立起"以用户为中心"的企业文化，只有深度理解用户才能生存。没有认同，就没有合同。

第二种，互联网思维是简约思维。互联网时代，信息量越来越大，用户的耐心越来越不足，所以必须在短时间内抓住用户。

第三种，互联网思维是极致思维。极致思维，就是把产品、服务和用户体验做到极致，超越用户预期。

第四种，互联网思维是迭代思维。"敏捷开发"是互联网产品开发的典型方法论，是一种以人为核心，迭代、循序渐进的开发方法，允许有所不足，不断试错，在持续迭代中完善产品。

第五种，互联网思维是流量思维。流量意味着体量，体量意味着分量。"目光聚集之处，金钱必将追随"，流量即金钱，流量即入口，流量的价值在互联网商业时代不必多言。

第六种，互联网思维是社会化思维。社会化商业的核心是网，公司面对的客户以网的形式存在，这将改变企业生产、销售、营销等整个形态。

第七种，互联网思维是大数据思维。大数据思维，是指对大数据的认识，关键不在于拥有大数据，而是对巨量数据的处理能力以及从中发现有价值信息的能力，以及对企业资产、关键竞争要素的理解。

第八种，互联网思维是平台思维。互联网的平台思维就是开放、共享、共赢的思维。平台模式最有可能成就产业巨头。全球最大的 100 家企业里，有 60 家企业的主要收入来自平台商业模式，包括苹果、谷歌等。

第九种，互联网思维是跨界思维。随着互联网和新科技的发展，很多产业的边界变得模糊，互联网企业的触角已无孔不入，例如，零售、图书、金融、电信、娱乐、交通、媒体等等。

6.1.2 互联网思维的误区

因为每个人思考的出发点和理解深度的差异，对互联网思维的解读千差万别，也不足为奇。但可以看到，互联网思维确实已经成为各行各业都在关注的热点，人们期待从中得到启发，得到解决问题的办法；当然也有批评，有反思，而也有很多是人们对互联网思维的放大，把它看作是万能钥匙，赋予其过度的解读。这里，针对常见的一些对互联网思维的误区，做一下梳理和阐释。

6.1.2.1 互联网思维不是因互联网而出现

互联网思维不是在互联网普及之后才有的，而只是在互联网环境下集中爆发。一些传统的、早就存在的经营理念或思维方式，其实都具备互联网思维的特征，只不过没有被叫作互联网思维这个名字而已，或者因为没有更好地实现而没有流传开来。例如，个性化和定制化，可以更好地服务消费者，这些思想早就流行于市场中。但如何更好地实现，在互联网环境下，互联网的技术支持让以前美好的想法变成了现实[120]。例如，订餐送外卖，这些商业服务活动很早就有。过去是通过电话，消费者也看不到卖方的菜品图片，也不知道卖方的市场评价，很多时候完全凭经验来判断。但是这种服务依然很好地满足了消费者的需求，给消费者送货上门一直到今天也是商家常用的服务口号。而在互联网时代，消费者可以在手机上面对海量商家作出选择，可以查看以往消费者的评价，自己也可以对商家进行评价，可以在手机上查看商家的位置信息，等等。这些服务都来自技术的进步，但这些服务很早就以更落后的形式一直存在着。因此，很多对互联网思维的解读，过度地认为互联网带来了全新的思维方式，实际上，这种观点的流行未必都是因为很多人对相关营销思想或相关理论的历史沿革知之甚少，很大程度上是由于人们对互联网思维期待过高，认为它能带来全新的，甚至颠覆性的思维变革。当然，这里并不否认互联网带来的巨大的思维变化，但是这种变化很多是在互联网环境下的进一步完善和升级。对这种变化的清醒认知，有利于人们集中精力脚踏实地地做好现实工作。

6.1.2.2 互联网思维不属于哪一类人

处于新兴的创新技术行业的人员未必就一定具备互联网思维，传统行业未必就不具备；精通互联网的人未必就一定拥有这种思维，与互联网接触少的人未必就没有。对互联网思维的各类解读中，最常见的就是互联互通。更好地实现交易各方的全方位交互，从事互联网行业的人都在努力借助和推动这种信息交互达到一个更高更好的水平来服务于事业的成长[121]。但是这种思维并不是互联网人所独有的，我们可以想一下，任何部门的成长，包括个人的成长，都期待对信息获取、信息传播以及信息互动能拥有或能达到一个很高的水平。任何经营者都希望自己能知道消费者的信息、供应商的信息和销售商的信息。互联网只不过提供给我们一个更好的手段。所以说，互联网思维也可以看成一种思考方式，有的时候甚至就是一种行为或一种手段。互联网本身只是提供了实现的技术支持。很多不懂互联网的人也同样在利用互联网思维，今天的餐饮行业有一支外卖配送服务大军，包括饿了吗、百度外卖等平台发展得很快，很多商家加入平台享受平台带来的顾客群，很多企业都开设自己的网站，或加入淘宝、京东这样的平台，个人还可以加入滴滴这样的平台[122]。人们都知道利用平台实现信息更好地传播，但并不会都取得成功，有很多失败的案例。所以也有很多人总结是没有更好地服务消费者，是因为行业竞争太激烈等原因。当阅读和观察大量的成功和失败的互联网案例后，发现其背后的思维本质都摆脱不了传统的经营理念，问题的关键不在于当事人与互联网行业有多么紧密的联系，而在于能否把握或具有一些最本质的经营理念。例如，对市场时机的洞察、对消费者需求的预测。而互联网思维只是在这个时代对一系列那些敢拼敢想、那些闯出了一片天地的企业家们所具有的思维和理念的特征进行的一个概括，或者说是做了一个命名。为什么叫"互联网思维"，因为发生在互联网时代，而不是互联网人所具有的思维。

6.1.2.3 互联网思维不是万能钥匙

互联网思维不可能为解决所有问题提供答案，但也不是空有概念的虚高境界。互联网时代带给人们海量信息的同时，也使人们不能专心地对一个问题进行深入研究。我们在浏览网页时经常会发现很多精彩的文章，每一篇都能吸引我们的眼球和思维，但任何一个问题都不是一篇文章就能解决的，它只是带给我们一些新鲜的启迪。这种过程使读者的精神世界得到很大的享受，但是并没有真正系统提升读者的知识水平。这种阅读被称为碎片化阅读，是今天互联网时代常见的阅读习惯。碎片化阅读使人们对一些问题总是处于一种一知半解的状态，包括对于互联网思维的理解。很多人在给予互联网思维信任的同时，自己也不是真正清楚什么才是互联网思维，使得互联网思维要么成为万能钥匙被夸大，要么成为空中楼阁成为不能解决实际问题的高大上概念。实际上这两种状态是相同的，因为现实世界没有万能钥匙，当一个事物真的被人们奉为万能钥匙的同时，它也就成为不现实的空中楼阁。

6.1.2.4　互联网思维要我们做的不是看客

互联网思维需要的是人们脚踏实地结合自己所处行业的特征，重新审视自己原有的一些商业习惯，能否加以完善。这个完善过程有时甚至并不是真正地要用到互联网。因此我们对互联网思维的理解要更宽泛，而不是局限于我们要在网上做些什么。因为有了互联网，我们能更好地实现信息的交互、对客户的服务、去吸引客户。但是与客户的互动、对客户的服务与吸引一定要通过互联网来实现吗？当然，很多时候互联网起到了重要的技术支持作用，但是也有很多时候是互联网做不到的。如果我们把信息交互、服务客户与吸引客户等一系列方法手段统称为"以客户为中心"，那么，"以客户为中心"如何实现？很显然，实现的办法有很多，而很多时候体现在点滴的小事上。例如，餐厅服务员的一个甜美的微笑，这不是互联网能实现的，但这也可能是互联网思维，这要看当事人的行为起源。如果说互联网的这种"博取眼球、获取关注和流量"的特点对于餐厅服务员日常行为的启发，实际上就是互联网思维的应用。但如果只是出于礼貌性的做法，由于带来了客户的好感，也符合以客户为中心的互联网思维理念，很多时候也会被"戴上互联网思维的帽子"。所以说，互联网思维是发生在互联网时代的思维，不是只发生在互联网上的思维，互联网思维要我们做的不是看客，我们要思考的是怎么为我所用。

6.1.3　互联网思维误区下的"企业价值"

互联网思维的误区总体来说是对互联网思维的夸大，抓不住互联网思维的本质。前文所提到的对互联网思维的理解，它们共同的本质特征实际上都是为了更好地为用户服务，以用户为中心。而在互联网思维误区中所提到的，包括的几种误区：互联网思维出现于互联网时代、互联网思维是互联网人的思维、互联网思维是万能钥匙、互联网思维离我们现实生活很远。这些对互联网思维的错误理解都忽视了这种思维背后最本质的东西，实际上，互联网思维背后就是人们都已经在实践的思考方式，只不过在互联网时代有了更先进的技术支持。这也就意味着互联网思维要求我们对传统企业价值结构进行重新审视。因为很多人在将互联网思维带入企业经营的过程中，实际上忽视了最本质的"以用户为中心"。简单地认为把百货市场搬到网络、把"网红"请到店铺里就是互联网思维。

只在最后的销售服务环节才考虑用户，这种模式早已过时，但不可否认的是，现实依然有很多企业不把用户放在很重要的位置。在价值链条的所有环节都不考虑用户，却期待最后的产品能被用户接受，这是不合理的。这样的企业很难适应越来越激烈的市场竞争，如不改变价值思路，终究会被市场淘汰[123]。

"金字塔"结构最顶层是企业战略层，是企业商业模式的选择；再下面是产业层，企业要选择在什么产业下执行相应的商业模式；再下面是企业的产业链，不同的产业对应的采购方、研发、生产、销售以及服务的链条也是不同的；再往下，服务于这样一个链条的企业相关部门，包括人力资源、财务、行政、信息以及后勤等；而最后的"金字塔"基座是用户。这也是很长时间以来，理论界和企业界都在提倡的，让企业的各个部门都要有用户思维。在这样一个"金字塔"结构下，企业看起来似乎是不错的，因为它建立在用户基础之上。在过去的结构中，实际上只在最后服务阶段才考虑用户，所以这种以用户为基础的企业价值结构确实是很大的进步。但在今天的互联网时代，这还远远不够。"企业价值塔"结构中，战略层、业务层都不能直接接触到用户信息，上层在没有考虑用户需求的情况下制定的战略，很可能在一开始就偏离了正确的轨道，影响是深远的，这是严重的问题。今天不仅要以用户为基础，而是要以用户为中心，在上文所提到的对互联网思维的理解和误区中，也多次提到今天的企业对"以用户为中心"的忽视。因此，要重新审视企业的价值结构。

一些企业陷入互联网思维的误区，在价值塔结构下的企业，会有以下的问题：

（1）形式上关注用户，实际离用户很远。因为在企业架构设计上，战略层和业务层就离用户很远，"用户是上帝"很可能就是一句口号。所以现在也有很多企业在研究结构的扁平化，在互联网时代信息高速传播，错过了信息，或者没有及时接收处理信息，很可能会错过绝佳的市场机会而付出极大的代价，那么如何让决策层贴近市场和消费者，这就需要调整企业价值结构，改变思维。

（2）互联网化只是信息技术部门的事。企业的互联网化很多时候被看成是建设网站，被看成是纯粹的技术问题，认为互联网思维就是在网络上做业务。当互联网刚刚兴起的时候，企业这么做可能会极大地提高业绩，但是当所有的企业都在网上做业务的时候，当互联网成为企业不可回避的技术环境的时候，企业又该怎么做。即使单纯从技术角度考虑，企业通过互联网构建更高效的运作机制，也需要企业所有部门的通力配合才能实现，而不是简单地看成只是企业信息技术部门的业务。

（3）互联网思维只是宣传部门的事。很多企业在讲互联网思维，但是并不知道怎么做才叫有互联网思维，常常是简单地认为建设了网站就具备了互联网思维。久而久之，"互联网思维"成为企业空空的口号，可能是对内宣传的，也可能是对外宣传的。这种现象在很多企事业单位都常见，因为执行的推进的相关部门和人员就没有抓住互联网思维的本质，最后在人们的印象中，互联网思维就成了"空中楼阁"，空有概念。

对于企业价值结构的重塑需要把握的核心就是"以用户为中心"，这也是本书对互联网思维理解的核心。因此，在互联网思维下，重塑企业价值结构，也必然是以用户为中心，而且在今天的市场环境下，以用户为中心在理论层面和企业实践指导层面也已被广泛认可。当然，在实际中执行起来，受限于市场环境、企业执行力、个人素质等因素，真正做到"以用户为中心"的企业还是不多，但并不妨碍在这里从理论层面展开探讨。

6.1.4 以用户为中心的"企业价值环"

以用户为中心的企业价值模式可以是什么样的呢？在这里把上文提到的

"企业价值塔"改造成了"企业价值环",如图 6-1 所示。

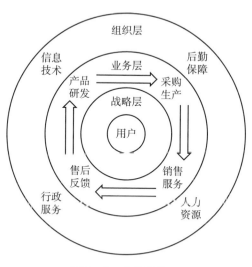

图 6-1 企业价值环

以用户为中心的企业价值环强调企业的战略制定、业务开展、组织设计都要以用户为中心。企业的战略层、业务层和组织层都要围绕用户需求和体验进行设计。

6.1.4.1 以用户为中心

在以往的"企业价值塔"中,战略层是距离用户最远的层级,而在价值环中,战略层是距离用户最近的层级。这里所强调的是,企业在战略制定和商业模式选择时,就要充分考虑用户需求,以用户为中心。只有以用户为中心的顶层设计,才能在企业战略实施的初始阶段,把握好大方向。很多企业在战略设计时,盲目跟随别人或者盲目求新求异,但就是没有关注用户究竟需要什么,这才是最关键的问题[124]。价值环以用户为中心,所有层级,从战略层到业务层再到组织层都是以用户为中心。其中,在业务层还要形成一个将用户需求贯穿业务链的良性循环。从产品研发到采购生产,再到销售服务，这时有一个关键的环节是售后反馈。售后反馈要传达到产品研发，用户将需求反馈到研发生产，研发生产形成产品或服务，再传达到销售服务，销售服务再接触用户，形成下一次的循环。在组织层，有一个关键部门就是信息技术部门。今天的企业很难离开互联网，企业要融入进去，但不是为了搭上互联网的快车，而是让互联网技术更好地服务用户。企业拥抱互联网的目的是什么，这一点企业自身必须清楚，包括拥抱互联网在内，任何举措都应该是为了更好地服务用户，让用户有更好的体验，更好地满足用户的需求[125]。如果互联网对某个企业而言，不能使企业更好地服务用户，那么这个企业完全可以没必要拥抱互联网，没必要为了跟随别人而融入互联网，那样就失去了最重要的东西，陷入了追随互联网的误区。

6.1.4.2 互联网思维在价值环中的分布

在前文中讲解了互联网思维的九种解读，各有侧重，各有特点，在实践中，互联网思维会有着各种各样的展现，会包含着各种各样的思维，下面我们来具体阐述一下，在价值环的不同组成部分中，会有哪些互联网思维在其中突出呈现？或者说，在价值环的不同部分，更需要哪些互联网思维？

首先，是战略层，战略层一定要考虑用户的需求，这是最基本的战略考量。同时要打造多方共赢的生态圈，也就是平台，平台模式的精髓，在于打造一个多主体共赢互利的生态圈。将来的平台之争，一定是生态圈之间的竞争。百度、阿里、腾讯三大互联网巨头围绕搜索、电商、社交各自构筑了强大的产业生态，所以后来者其实是很难撼动的。另外，今天的行业边界越来越模糊，很多行业已被互联网打通，拘泥于某个行业显然不符合现实也是自缚手脚。所以，通过分析可以看到，战略层主要涉及的互联网思维，包括用户思维、平台思维和跨界思维。

其次，是"业务层——研发端"。在产品研发方面。越简单的东西越容易传播，越难做。专注才有力量，才能做到极致。简约即是美，在产品设计方面，要做减法。外观要简洁，内在的操作流程要简化。用极限思维打造极致的产品。一切产业皆媒体，在这个社会化媒体时代，好产品自然会形成口碑传播。要从细微的用户需求入手，贴近用户心理，在用户参与和反馈中逐步改进。另外，只有快速地对消费者需求作出反应，产品才更容易贴近消费者。这里的迭代思维，对传统企业而言，更侧重在迭代的意识，意味着必须及时乃至实时关注消费者需求，把握消费者需求的变化[126]。所以，通过分析可以看到，业务层研发端主要涉及的互联网思维，包括用户思维、社会化思维、简约思维、极致思维和迭代思维。

再次，是"业务层——营销端"。当前互联网产品常见的营销模式是免费策略。免费是为了更好地收费。互联网产品大多用免费策略极力争取用户、锁定用户。例如，用免费杀毒入侵杀毒市场，一时间搅得天翻地覆，回头再看看，收费的杀毒软件，估计没有几台电脑还会装着了。"免费是最昂贵的"，不是所有的企业都能选择免费策略，因产品、资源、时机而定。同时，任何一个互联网产品，只要用户活跃数量达到一定程度，就会开始产生质变，从而带来商机或价值。注意力经济时代，先把流量做上去，才有机会思考后面的问题，否则连生存的机会都没有。另外，小企业也要有大数据，用户在网络上一般会产生信息、行为、关系三个层面的数据，这些数据的沉淀，有助于企业进行预测和决策。一切皆可被数据化，企业必须构建自己的大数据平台，小企业也要有大数据。在互联网和大数据时代，企业的营销策略应该针对个性化用户做精准营销。所以，通过分析可以看到，业务层营销端主要涉及的互联网思维，包括用户思维、社会化思维、流量思维和大数据思维。

最后，是组织层。企业要善用现有平台，当不具备构建生态型平台实力的时候，那就要思考怎样利用现有的平台。要让企业成为员工的平台，互联网巨头的组织变革，都是围绕着如何打造内部"平台型组织"。内部平台化就是要变成自组织而不是他组织。他组织永远听命于别人，自组织是自己来创新。同时利用好社会化媒体，例如，现在微信朋友圈社会化营销的魅力。但要记住，口碑营销一定是站在用户的角度、以用户的方式和用户沟通。另外，众包协作也是目前典型的互联网运营模式。众包是以"蜂群思维"和层级架构为核心的互联网协作模式，维基百科就是典型的众包产品。传统企业要思考如何利用外脑，不用招募，便可"天下贤才入吾彀中"。此外，企业组织层也需要跨界思维，很多互联网企业，为什么能够参与乃至赢得跨界竞争？答案就是——用户，他们一方面掌握用户数据，另一方面又具备用户思维，自然能够挟"用户"以令诸侯。所以，通过分析可以看到，组织层主要涉及的互联网思维，包括用户思维、平台思维、社会化思维、跨界思维。

对于互联网思维在价值环中的分布，通过表6-1予以清晰展示。

表6-1 互联网思维在价值环中的分布

企业层级		互联网思维
战略层		用户思维、平台思维
业务层	研发端	用户思维、社会化思维、简约思维、极致思维、迭代思维
	营销端	用户思维、社会化思维、流量思维、大数据思维
组织层		用户思维、社会化思维、平台思维、跨界思维

6.2 基于平台的商业模式

6.2.1 对于平台的理解

平台在今天的商业活动中扮演着越来越重要的角色，即使企业没有建设他们的平台，他们也需要应对各种商业平台带来的机遇和挑战。平台作为一种商业现象和模式，正受到越来越多的关注。当前阿里巴巴、京东、谷歌、亚马逊、苹果、微软等我们耳熟能详的大公司都正在成功地利用平台推进业务。平台模式被认为是近十年来最重要的商业模式创新之一，吸引了众多国内外学者的关注，包括对平台的角色的深入研究，以及其对企业、行业、价值体系和经济的影响。本书探讨了平台和商业模式创新的概念，以解释平台如何为企业的商业模式创新作出贡献。本书从平台及其特征、商业模式及其概念、平台商业模式等方面，分析了平台从作为技术服务到作为管理模式的转变，并从以下几个方面进一步分析平台商业模式：什么样的新用户加入了平台，平台如何为企业创造价值，以及平台在财务方面对企业的影响。最后对企业发展平台商业模式失败的原因进行了分析。

今天的网络技术正在积极地渗透到各类领域，无论是政治、经济、军事，在社会各领域内，网络技术都在积极推动形成一种广泛的社会互动。我们今天可以看到，现在的企业越来越多地使用网络技术来吸引消费者的注意力，并尝试与消费者发展持久的关系。我们熟知的企业，包括阿里巴巴、谷歌、脸书、亚马逊、苹果和微软都成功地做到了这一点。它们的成功与它们实现平台商业模式的能力紧密相关，平台商业模式是这些企业实现价值创造和转移的关键。

近些年来，我们可以看到企业和学术研究人员之间对平台模式的各种讨论。肯尼（Kenney）和佐兹曼（Zysman）在 2016 年提出了平台经济定义，强调平台对经济发展的贡献，认为我们正处在经济重组的过程中。拥有平台的企业所具备的实力以及正在带来的变革可能超过早期工业革命的工厂经营者们，认为平台是价值创造的新基础[70]。平台的重要性与日俱增，并已得到了广泛共识。2017 年世界经济论坛强调了平台对于公司和组织、对于经济活动、对于更低的市场进入壁垒的重要性。在某些情况下，平台改变了价值创造、获取和向市场转移的模式。

斯里尼瓦桑（Srinivasan）和文卡特拉曼（Venkatraman）在 2018 年指出应用平台的企业需要创新商业模式观念，认为平台重新定义了顾客价值，重塑了需求方市场[71]。由于当今平台模式不再局限于零售业或高新技术行业，因此我们能看到大量的在不同行业的，对于平台以及平台商业模式的研究，平台对经济的影响是全方位的，并已经引起了人们的注意。

同时，平台正在渗透到不同的行业，促进不同的合作和价值创造。在这种情况下，企业需要了解如何改变业务模式，以成功地在基于平台的数字生态系统中应对竞争。因为平台已经极大地影响了价值创造的方式，企业需要调整他们的商业模式以实现在基于平台的全球价值链和价值系统中运作。平台现象始于网络数字技术，使公司能够借助网络平台提供他们的产品和服务。

然而，今天的平台不仅仅是销售的渠道，平台更重要的是在充当价值创建的工具，来促进不同市场参与者之间的合作。

加韦（Gawer）和库苏马诺（Cusumano）认为平台作为一种新现象，其对创新和竞争的影响仍然需要开展更为精确的研究[127]。对于平台的更准确和更完善的理解至关重要，金（Kim）建议企业为了未来的竞争必须接受平台思维。对于平台带来的变革而言，在几乎所有的行业中，信息都是一个重要的因素[76]。有数据显示，在《财富》世界 500 强公司中，有 88% 的公司正在寻找机会利用平台并向平台积极投资。尽管企业对平台已经有浓厚的兴趣，并取得了显著的进展，但从商业模式创新的角度来看，平台在未来仍然有相当大的开发空间[68]。

在以上研究的基础上，本节研究的目的是探索平台应用方式，以及平台在商业模式创新中扮演的角色。基于此，本节在接下来将会分析平台的概念；分析商业模式和商业模式创新的概念；通过分析这些概念之间的相互关系来详细阐释平台在商业模式创新上的应用。为了实现以上研究目标，本节将对文献进行系统分析，从对平台商业模式的各类研究中分析概述平台模式的特征，分析平台在商业模式创新上的作用，明确平台与商业模式创新之间的关系。

"平台"这个词已经存在很多年了，但是研究人员和企业实践者对平台的关注只是在近十年时间才显著增加。平台作为术语，在过去的二十多年里一直被各种经济、政府管理、工商管理、市场营销领域，以及各类演讲所使用[128]。早些时候，平台作为一种术语，与技术解决方案的发展密切相关。这些解决方案是为了帮助企业更高效地运营，包括为企业提供便利的各种各样的活动[129]。根据穆泽莱卡（Muzelleca）等的研究，平台可以定义为，可以运行不同应用程序的数字化的基础设施，可能是硬件或软件，或者也可以做一个更广泛的定义，即一个拥有有限的和明确定义的用途的集合[130]。这种概念提供了一种从技术角度解释的平台定义。

然而，随着全球范围内企业的发展，例如，阿里巴巴、谷歌、脸书、亚马逊、苹果以及它们的活跃用户。平台在各个领域内扮演的角色，使其最初的含义已经发生了变化。平台被定义为一种新的商业模式，它使用技术在交互中连接人员、组织和资源，能够创造出惊人数量的价值的生态系统和交换[131]。另外，人们对平台的关注越来越多地集中于对平台开发的投资上面。因此，平台模式的活跃，使得人们更加关注究竟什么是平台，随着平台角色的多元化、丰富化，业界对平台的理解也在不断深化。欧洲委员会在 2020 年公布的《数字市场法》将平台定义为在双边或多边市场中的一项业务操作，使用互联网以使两个或多个不同的用户组发生交互并相互依赖，以在至少其中一个用户组中产生价值。某些平台也会扮演中介服务提供者的角色。

金（Kim）提出了三个重要的特征来描述平台：双边市场、网络效应、生态系统[132]。

双边市场指的是平台在不同类型的消费者之间的行为能力，以及在他们之间匹配价值的能力。这种同时服务于双边市场的方式已经被广泛采用。例如，谷歌为消费者提供信息和检索信息的能力，同时通过为企业提供向消费者发布广告的渠道来提升企业的信息传播能力；亚马逊为终端用户提供产品，并允许生产者使用亚马逊平台来接触终端用户。

网络效应指的是通过不断增长的用户数量来实现价值的增加。在双边市场，网络效应表现为出现跟随性的交易，并且这种间接性的对用户的影响，随着用户数量的增加而被持续强化[133]。例如，向那些已经使用产品的用户获取经验、知名品牌的影响和用户的消费习惯，都属于网络效应在实际市场中的表现。

关于生态系统的概念，一般认为指的是一个经济共同体，是由相互作用的组织和个体所形成的商业世界的有机体所支撑[134]。基于这样的概念，平台构建的消费者社区，企业通过价值的协调来维持它们，正是这种生态系统的生动体现。

除了以上这些典型的平台特征外，里特诺（Litteral）和路易斯（Lewis）等提出了另一组特征，由以下两个重要概念构成：

（1）力量分解。平台希望参与方的不断扩展，有更多的用户加入平台。即使在漫长的"长尾"中，供给侧平台的参与者也可以产生利润[135]。因此，此时的成本已经变得极小。这里就不得不提著名的"长尾理论"。"长尾理论"是网络时代兴起的一种新理论，由于成本和效率的因素，当商品储存、流通、展示的场地和渠道足够宽广，商品生产成本急剧下降以至于个人都可以进行生产，并且商品的销售成本急剧降低时，几乎任何以前看似需求极低的产品，只要有卖，都会有人买。这些需求和销量不高的产品所占据的共同市场份额，可以和主流产品的市场份额相当，甚至更大。也就是说，众多小市场汇聚成可产生与主流相匹敌的市场能量。

（2）不对称增长和竞争。平台为相同业务的公司提供机会，使得这些公司能够在相同的以及互补的市场中开展竞争。企业可以使用不同的渠道和资源来实现业务上的成功。

这些特征体现了平台商业模式的独特性，及其与传统价值创造方式的不同之处。从传统视角来看，价值是用线性方式创造的，即生产者生产商品，物流公司提供商品，市场活动被用来促销商品，通过不同的零售点把商品交付给消费者。平台创造价值的方法是不同的，平台作为一种价值集成的机制来组织价值的创造，这种集成发生在至少是两边的用户之间，也就是前文所提到的双边市场，并以这种方式确保持续的价值创造。除了这些特点外，平台还有其他重要作用，例如，建立社区反馈回路、释放新的价值创造来源。

6.2.2　对于商业模式的理解

商业模式的概念在过去的几十年里已经被广泛地研究过。对于商业模式的研究主要围绕四个问题，或者说是回答四个关键问题：第一，公司为谁创造价值？第二，公司在向客户提供什么样的服务？第三，公司提供的服务是如何创建的？第四，公司在财务方面的内部运营状况——成本和收入。

通过对于商业模式的研究，这四个问题得到了更详细和广泛的阐述，其包含的内容得到了更为深入的挖掘，并且已经被广泛地应用于业界，同时确定了9个关键部分来描述商业模式：第一，市场划分，确定目标顾客，这些顾客存在某些共性特征，可以将他们归为某一类；第二，价值主张，企业所提供的产品或服务能够帮助客户解决他们的问题；第三，销售渠道，企业以什么方式将价值传递给细分市场，可能使用物理或数字的渠道；第四，客户关系，企业寻求和客户建立什么类型的关系；第五，关键资源，企业创造价值需要什么样的硬件或软件条件，以及财务、人力或其他方面的资源；第六，关键活动，企业创造价值需要什么样的活动来利用各种不同的资源；第七，关键伙伴关系，什么样的合作伙伴需要创造和转移价值；第八，收入，企业如何赚取收益；第九，成本，与价值创造和转移相关的主要成本是什么。

根据以上提出的框架，企业可以很容易描述它们的商业模式。商业模式的概念已经在各种管理、经济、战略管理、市场营销和其他学科中被广泛研究。商业模式作为一个重要的研究领域，伴随着新技术和新的商业问题解决方案的出现，商业模式也在不断更新，新技术与新思路带来了商业模式的新的可能实现方式。

与此相关的概念，也涉及商业模式的实现，即商业模式创新。商业模式创新可以被定义为，对企业来说，是新的业务，是在商业逻辑上的创新，但这种创新是相对于这个企业而言，不一定是市场上从来没有过的，并且必须在商业模式的实践中产生可观察到的变化。所引入的变化可能是由技术开发（如社交媒体、物联网、大数据）、市场状况（竞争压力）或是政治决策（法律规定）引发的。企业对这些决定作出反应，需要采取适当的行动改变他们的日常运作，而这一切所反映的就是企业的商业模式。

随着技术的迅速发展和市场变得愈发有活力，商业模式创新变成了企业在市场上成功运作和应对竞争的必要条件。波士顿咨询公司在《商业模式创新白皮书（2018）》中指出：在过去的50年里，商业模式的平均寿命已经从15年下降到少于5年。因此，商业模式创新不再是获得竞争优势的众多方法中的一种，而是一种应对这个迅速变化的世界的必要的核心能力。

对于商业模式的创新，尤其是中小企业，没有大企业集团的雄厚财力，而且面对着激烈的市场化竞争，中小企业很多时候面对的是生存问题，这不仅在中国，在世界范围内，也是普遍存在的问题，所以中小企业的商业模式创新更为紧迫，因此本书接下来以中小企业为例，根据商业模式创新的对象，将商业模式创新分为三类。

（1）基于客户的商业模式创新。客户是企业的第一生命力，拥有稳定且持续增长的客户资源，是中小企业生存发展之根本。如果客户群体的消费需求发生变化，就会直接导致商业环境改变，新的消费需求必将带动新的市场机遇出现。中小企业不能故步自封，要时刻关注和发掘客户消费习惯的变化，及早行动，不断改变创新，综合各方面因素迎合消费需求，创建新的可持续盈利的商业模式。

（2）基于产品和服务的商业模式创新。产品价值依赖于企业的生产研发能力，决定着客户的满意度，服务的好坏也直接影响受众的忠诚度。而商业环境变化可能导致既有产品和服务价值的变化，对旧的商业模式形成冲击，从而推动新的商业模式出现。传统平面媒体存在的商业形式就是创造媒体内容吸引读者群，并根据广告投放者的需求，将广告内容投放到特定的读者群，得以生存发展。然而，当终端阅读机出现，绝大多数读者选择通过终端阅读机进行阅读，传统纸媒失去了与读者之间的联系纽带，间接失去了广告客户和生存的基础，这就是商业环境改变导致产品和服务价值发生变化的直观现象。因此，持续关注产品和服务价值的变化，保障商业模式可持续盈利，是确保企业赖以生存的根本。

（3）基于关键能力的商业模式创新。关键能力是企业对具体商业活动成功组织、安排的展现，主要体现在企业创新能力、经营管理等方面。技术的改变创新通常会给关键能力带来提升，并导致全新商业模式的产生。企业内部不断学习创新，对企业活动进行组织优化和持续提升，经营管理发生质的改变，核心能力得到飞跃式提高，就会构成一项竞争者无法复制的绝对优势，真正实现商业模式创新。

技术发展日新月异，未来的商业环境将会发生巨大变革，人们的消费习惯也会随之改变。中小企业要顺应时代变化，走在社会最前端，时刻警惕审视自身，创新商业模式，不管外界环境如何变化，都能适时调整战略方针，立于不败之地。

基于以上的阐述，我们看到，有以下的关键因素在推动中小企业参与商业模式创新：来自竞争对手的价格压力、新客户需求、新产品开发、试图将成本最小化、将重点放在产品开发上。中小企业在商业模式实践的探索过程中，创新是通过一系列活动来表现的，包括：服务和服务捆绑、寻找新客户和新市场、通过新的定价方式调整收入决策、参与各种 IT 应用程序（如社交媒体、大数据）等等。这些在市场上被广为采用的活动证明了数字技术在中小企业商业模式创新和平台创建中发挥了重要作用，并引领着人们对基于商业模式的新的平台的探索。根据弗斯（Foss）和瑟必（Saebi）对于商业模式创新的研究。商业模式创新划分为四类，包括：进化型商业模式创新、适应型商业模式创新、集中和复杂型商业模式创新[74]。

研究提出的类型划分依据为以下两个标准：

（1）在什么范围内的创新，包括两个维度：一种是在企业内部范围内实现的创新，也就是在企业的发展过程中，创建一种企业以前没有过的商业模式，但是在其他企业可能运用过；另一种是在行业范围内实现的创新，也就是说在行业范围内，构建其他企业也没有运用过的新的商业模式。

（2）以什么方式进行创新，包括两个维度：一种是以重新建构的方式搭建的；另一种是模块化的组合。

根据弗斯（Foss）和瑟必（Saebi）的研究，进化型商业模式创新，指的是在有关业务模型的每个组件中进行更改，这种更改是自发的，也可能是为应对突发事件。适应型商业模式创新，指的是在整体上对商业模式进行改变。集中和复杂型商业模式创新，指的是以积极的管理尝试来实现模块化或整体架构的变化来改变市场条件。

尽管商业模式创新对于企业在市场上的成功运作是十分必要的，但目前对于解决商业模式创新面临的障碍方面研究得并不多。某些困惑或阻碍是商业模式创新的关键障碍。这些障碍与管理者的心态和管理者的抵触有关，很多时候管理者不愿改变，以此来避免风险。另外，商业模式的概念仍未得到充分挖掘，这一点需要广大研究者们的关注。我们从大量的研究成果中可以发现有几个重要的方向，包括：商业模式创新领域；商业模式创新的内部和外部过程；微级、企业级、中级和宏观水平因素对于商业模式创新的影响；

商业模式创新成果的评价，尤其是在财务方面。商业模式创新由各种各样的因素驱动，并且平台作为一种外部因素也在推动企业进行商业模式创新。基于这样的理解，我们接下来将探讨平台会给商业模式创新创造哪些机会、创造哪些价值。

6.2.3　基于平台的商业模式创新的机会和价值

现在很多有几十年历史的公司也开始借助平台开展经营活动，这些企业开始从平台使用的视角调整它们的商业模式。平台商业模式被用于描述那些为自己的经营活动而构架平台的企业。事实上平台商业模式这个词并没有被清晰的定义，因为很多研究都是从不同的角度和层次来解释这个现象。

一些学者围绕商业模式创新的问题对平台这种商业模式进行了研究。艾森曼（Eisenmann）等研究提出了一些重要的特征[136]：

（1）平台的提供方定义平台组成和规则，并且被平台用户接受。

（2）平台的提供方处理需求、供应和外部的有关方。这里外部主要是指广告商，他们对需求和供应都有兴趣。不同的供应商、内容提供者、生产者和开发人员可能会充当供应方；内容需求者、消费者和最终用户可能会充当需求方。

（3）这些不同组成部分之间的交易通过平台实现。随着越来越多的交易发生，更多的直接和间接网络效应也被创造出来。

正如前文所说，商业模式的创建需要回答四个关键问题。企业采用平台本身就是在商业模式背景下进行的创新。基于这一点。我们将尝试探索平台对商业模式创新环境的影响。

商业模式理念的运用需要将客户进行细分，确定哪些是重要的客户，哪些需求需要第一时间满足。今天在数字化的平台上，虽然平台上聚集了不同类型的用户群体，但企业能够接触到全球市场上的任何一个终端用户[69]。平台用户一般可以分为四类：

（1）平台的所有者。这些组织拥有平台，负责开发和维护平台功能。

（2）关键合作伙伴。参与平台的组织活动，为平台提供发展机会，为平台所有者提供更多的价值创造和价值转让的渠道和方式。

（3）生产者。平台的发展是不同组织共同作用的结果，这些行业内的内容生产方在为平台创造价值的同时，也在寻求机会来提升自身的价值，并获得更多的收益。

（4）消费者。个人或组织充当平台的最终用户，并在平台的使用过程中获得价值。

消费者在传统的商业模式中是企业最重要的利益攸关方，但在平台模式下，生产者和关键合作伙伴也是平台价值的提供者。满足这些用户的需求才能更好地实现平台商业模式的成功。那么，平台价值创造过程中必须要有各方的合作，一些重要的协作活动包括：分析数据和管理，确保服务的不断开发和质量保证；与不同参与方的伙伴关系；产品和服务的聚合和提供；服务解决方案的开发和交付；客户体验管理。

平台上的价值创建和传统渠道是不同的。表 6 - 2 列举了平台价值创造的特点，并以一些平台为例进行说明。

表 6 - 2   平台价值创造

价值创造	平台对价值创造的影响	举例
重构价值创造以挖掘新的供应源	平台减少了进入市场的障碍，建立新的价值创造来源	淘宝平台进入门槛很低，无论什么体量的商家都能面对庞大的网络顾客群
通过启用新的消费形式来重新配置消费价值	价值不仅与相关产品或服务相关，也与平台体验紧密相关	淘宝平台的客户反馈有助于其他客户的决策，为平台商家提供了更高的信任度
通过平台社区驱动的管理形式重新构建质量控制	平台用户积极参与内容创建和内容管理。基于这样的反馈来识别客户	淘宝商家的用户评论机制和销量排名是平台的重要内容组成部分，形成了平台内部的优胜劣汰的竞争与识别机制
将资产从价值中分离出来	资产的使用要进行独立交易，让其发挥最大的作用	共享经济下的共享单车、共享雨伞、共享充电宝等，共享的本质是租赁，共享经济的实现离不开安全可靠的平台

续表

价值创造	平台对价值创造的影响	举例
恢复中介机构的作用	平台对客户与其所需的服务和商品的提供者之间扮演着桥梁的角色	淘宝、亚马逊等平台的意图实质上就是成为人们主要的网上购物目的地，作为合作伙伴和客户之间的中介
市场聚合	作为"一站式"服务为客户提供各种不同的产品和服务	阿里巴巴奉行的是兼并和收购的扩张模式，通过兼并收购新公司，不断增加业务种类和对伙伴的吸引力

平台商业模式旨在满足消费者的不同需求。根据对以往研究的整理和分析，消费者和企业用户使用平台的原因是不同的，消费者会对平台信息的全面性和实时性更感兴趣，界面和操作的便捷简单、沟通的顺畅、商品的比较，以及趣味性和娱乐化都是对消费者具有吸引力的特性。而企业级的用户更在意的是市场，一个平台对于商户是否有吸引力，在于平台能够聚合多大的市场，很多企业选择某个平台，是因为想进入更广阔的市场，能够以低成本收集客户反馈信息的渠道，平台比实体店的投入成本要低得多。

平台商业模式的运作对于企业财务的运作可能会产生不同的效果。对于企业财务方面可能有以下的影响：第一，一些正在使用电子商务平台的公司更倾向于直接出售商品，避免被平台征收费用；第二，分销渠道平台的成本要比实体店低得多；第三，平台减少了搜索和交易成本；第四，在线平台降低了营销成本。

在过去的几年里，平台的发展已引发了人们广泛且深入的思考。许多公司认为平台商业模式就是未来。很多学术研究也持相似的观点，每个组织都需要一个数字平台战略，但是每个公司的数字平台战略都将会是不同的。一些公司正在发展能够容纳行业内所有链条环节用户的平台，一些公司也在尝试和其他的平台进行整合。本书从平台商业模式的早期尝试的案例进行分析，认为致使一些平台商业模式经营失败的原因如下：第一，未能优化开放性。平台的运作是以生态系统的开放性和不同参与者的参与为基础的。低参与度不会带来网络效应，以致商业模式的失败。第二，未能吸引开发人员。平台需要根据用户的需求通过改进特性和功能进行持续开发。平台如果无法长期持续跟进开发，可能就会面临失败。第三，未能分享盈余。平台商业模式成功的重要表现就是平台产生的价值能够被所有的参与方获得。如果拥有平台的公司保留了大部分收益，而不与其他相关方共享，平台就无法维持。第四，没有"撬动"正确的一边。平台商业模式是在不同参与方之间找到某种平衡。有些情况需要把关注焦点放在吸引消费者上而不是生产者，而有时是相反的，甚至一些情形下双方都需要从一开始就被给予同等的关注。第五，未对早期使用者提供有吸引力的非网络效应价值。初创时期，平台必须先突破缺乏网络效应的真空地带，这样以网络效应为核心的商业模式很具有讽刺性。然而它的确是每个平台企业都必须面临的最大难题。由于平台初期的网络效应甚微，这段时间的发展策略必须侧重为潜在用户提供其他的非网络效应的价值，平台企业才有可能引诱早期使用者进入。第六，未充分发挥想象力和大胆创新。平台商业模式在价值创造、价值需求以及价值转移方面往往需要与传统模式不同的方法来实现。一些公司都曾犯过这样的错误，在平台上强调简单的产品买卖关系。平台商业模式需要与其他生态系统形成协作关系来代替过去简单的买卖关系。

6.3 对于"人工智能+"的思考

6.3.1 人工智能对于市场的重塑

当今时代正处在经济重组的过程中，人工智能对经济发展的贡献已经被越来越多的企业和研究机构所认识到。拥有人工智能技术的企业所具备的实力，以及正在带来的变革可能超过早期工业革命的工厂经营者们，人工智能正在成为价值创造的新基础[137]。虽然人工智能已经开始在经济模式中扮演重要角色，但是依然存在明显缺陷。

人工智能目前在经济模式中的应用主要集中在供应链管理及营销领域，但应用深度和广度还不足。在很多应用中，人工智能扮演的是关键要素的角色，是在传统经济模式基础上的完善和提升，并没有从根本上改变传统经济模式。这样带来的问题是，传统经济模式与人工智能带来的变革间的固有矛盾无法打破。例如，人工智能对人工的取代和顾客对优秀人工服务的需求。这要求企业和研究机构要进一步探索人工智能的需求场景。对于人工智能带来的变革而言，在几乎所有的行业中，信息都是一个重要的因素[70]。2017年世界经济论坛强调了人工智能对于公司和组织、对于经济活动、对于更低的市场进入壁垒的重要性，在某些情况下，人工智能改变了价值创造、获取和向市场转移的模式。人工智能作为一种新现象，重要性与日俱增，并已得到了广泛共识，但其对创新和竞争的影响仍然需要开展更为精确的研究[76]。实际上，人工智能在未来扮演的角色将是一个基础性的角色，人工智能将成为基础性平台，而不仅仅是支持产品更新换代的技术，就如同当前的互联网，随着互联网不断深入社会经济和大众生活的方方面面，互联网逐渐发展为"互联网＋"，人们发现自己的生活已经离不开互联网。而伴随着人工智能技术的发展和应用的拓展，人工智能也必将深入大众生活的各个领域，人工智能也将发展成为"人工智能＋"。因此，当前对于人工智能的更准确和更完善的理解至关重要，需要不断开拓思维，创新经济模式。

综合近年来的相关研究，人工智能对于经济模式的重塑可以归纳出如下重要特征：多边市场、网络效应和生态系统[132]。而这三类特征实际上各自代表了人工智能对经济模式变革所发挥的作用，这里对三个名词进一步完善其表述，进而将人工智能在经济模式中的作用概括为：多变市场匹配需求、网络效应增值市场供需和生态系统互动赋予关键能力。

（1）多边市场匹配需求。多边市场是指平台模式下平台经营者要同时经营买方和卖方多方市场[129]。而多边市场匹配指的是人工智能在不同类型的消费者之间的行为能力，以及在它们之间匹配价值的能力。这种同时服务于多边市场的方式已经被广泛采用。例如，谷歌为消费者提供信息和检索信息的能力，同时通过为企业提供向消费者发布广告的渠道来提升企业的信息传播能力；亚马逊为终端用户提供产品，并允许生产者使用亚马逊平台来接触终端用户。因此，人工智能能够更快捷地在用户之间实现匹配，对于买方而言，谁是最合适的卖方，而对于卖方而言，谁又是最合适的卖方，实现市场的智能匹配。目前消费者在一些购物网站看到的依据消费习惯推荐的商品，就是这种多边市场匹配的雏形，或者称之为初级的应用。

（2）网络效应增值市场供需。网络效应增值指的是通过不断增长的用户数量来实现价值的增加。在多边市场，网络效应表现为出现跟随性的交易，并且这种间接性对用户的影响，随着用户数量的增加而被持续强化[130]。例如，人工智能向那些已经使用产品的用户获取经验、知名品牌的影响和用户的消费习惯，可获取数据的用户越多，人工智能从中分析出的用户行为规律和习惯的说服力就越大，这些都属于人工智能利用网络效应在实际市场中的表现，并且同时作用于市场供需双方。用户数据同时也将向用户本身反馈，用户将知道自身的行为在用户群整体中处于什么位置、具有什么特点，这将提升需求方的种种判断和行为的效果。所以，用户越多，人工智能凸显的超越传统技术的应用价值也就越大。

（3）生态系统互动赋予关键能力。关于生态系统的概念，一般认为指的是一个经济共同体，是由相互作用的组织和个体所形成的商业世界的有机体所支撑[136]。基于这样的概念，人工智能构建的消费者互动体系，不同于当前的互动，客户是和人工智能产生互动，不再是和真人进行沟通，人工智能会系统性地取代人工服务，并逐步形成人工智能生态，如同今天我们手机商城中的各类 App，而企业需要通过价值的协调来维持它们。生态系统互动体现了人工智能经济模式的独特性，及其与传统价值创造方式的不同之处。从传统视角来看，价值是用线性方式创造的，即生产者生产商品，物流公司提供商品，市场活动被用来促销商品，通过不同的零售点把商品交付给消费者。人工智能创造价值的方法是不同的。人工智能作为一种价值集成的技术机制来组织价值的创造，这种集成发生在多边的用户之间，也就是前文所提到的多边市场，并以这种方式确保持续的价值创造。除了这些特点外，人工智能还有其他重要作用，例如，建立顾客反馈回路、释放新的价值创造来源。

人工智能的应用需要市场拥有创新经济模式的观念，不拘泥于传统模式，不被传统模式束缚。从目前人工智能对经济模式的影响来看，多边市场匹配是建立在已有的平台模式特征基础上的，多边市场本身不是创新的模式，而是早就存在的关系体系；网络效应增值的基础前提是产生网络效应，依赖于平台模式对首批客户的吸引；而生态系统互动本身并不是在创新经济模式，而是利用人工智能创建商品或服务本身，利用人工智能所创建的商品或服务依然从属于原有的经济模式，在传统经济模式中经营[71]。此时人们对人工智能的利用是不充分和肤浅的，只是作为新技术来尝试，而人工智能对于社会和经济带来的影响实际上将是深远和具有革命性的。有数据显示，在《财富》世界500强公司中，有88％的公司正在寻找机会利用人工智能并向人工智能领域积极投资。尽管企业对人工智能已经有浓厚的兴趣，并取得了显著的进展，但从经济模式创新的角度来看，人工智能在未来仍然有相当大的开发空间。人工智能将会重新定义顾客价值，重塑供需双方市场[127]。当今对人工智能经济模式的探索不应再局限于零售业或高新技术行业，其对经济的影响是全方位的。

6.3.2　人工智能带给品牌塑造创新的问题

经济模式创新是指市场价值创造提供基本逻辑的变化，即把新的经济模式引入社会的生产体系，并为市场各方创造价值[135]。通俗地说，经济模式创新就是指市场以新的有效方式运行。新引入的经济模式，既可能在构成要素方面不同于已有经济模式，也可能在要素间关系或者动力机制方面不同于已有经济模式。随着技术的迅速发展和市场变得愈发有活力，经济模式创新变成了大势所趋[138]。因此，经济模式创新不再是市场获得优势的一个选项，而是这个迅速变化的世界的大趋势。

6.3.2.1 经济模式创新要面对人工智能引发需求升级的问题

需求是市场的第一生命力，拥有稳定且持续增长的市场需求，是社会经济生存发展之根本。如果需求方的特征发生变化，就会直接导致经济环境改变，新的需求必将带动新的市场机遇出现。市场不能故步自封，要时刻关注和发掘需求的变化，及早行动，不断改变创新，综合各方面因素迎合需求，创建新的可持续发展的经济模式。面对需求的升级，市场成员首先要明确为谁创造价值，市场提供什么样的服务，供应方要通过为需求方提供产品和服务实现价值。据此，既然要创造价值，就要明确创造什么价值，要为市场解决什么问题，提供什么服务，也就是价值主张。因此，经济模式创新在面对需求升级的问题，实际上面对的是市场需求价值主张的变化，尤其应以场景应用为突破口。场景应用是指与人们生活场景的即时连接，直接关系到用户的实际体验。因此场景体验成为人工智能基数背景下的市场需求价值主张的重要表现。今天的场景应用要想生存必须能使用户在尽可能短的时间内融入场景，移动互联网使得场景应用变为现实，而人工智能将使其用户体验更加极致，这种极致体验体现为应用服务的精准和个性。当前一个很大的变化就是数据的获取在今天变得越来越主动，越来越廉价。过去要获得数据需要购买，现在越来越多的人在网络世界中允许设备获取自己的隐私、自己的行为、自己的消费、自己的生活方式。这使得在人工智能普及的数字社会上，对一个人一个物的识别达到前所未有的精准，而且会越来越精准。

6.3.2.2 经济模式创新要面对人工智能推动供给侧结构性改革的问题

产品价值依赖于供给方的生产研发能力，决定着需求方的满意度，服务的好坏也直接影响受众的忠诚度。供给方要以用户体验为中心。借助语音、图像和模式识别、机器学习和手势控制等功能，人类与机器的交互正在不断升级。将不同人工智能技术支持的功能任意组合便意味着全新的体验。企业需要建立人工智能的服务体系，并提供一致的用户体验。为了让每位客户都能将单个的人工智能效果视为具有相关性和一致性的体验，企业需要客户体验设计策略，依靠普及化的工具，利用自己的数据集来满足特定需求。人工智能在很多领域已经开始实际应用，开始进入人们生活中，随着技术的不断进步，其以人为本的价值会有越来越多的体现，并逐步形成自己独特的经济模式来适应市场、开辟市场以及引领市场，对人工智能的认可度和需求会越来越高，进而形成对传统经济模式的冲击。传统平面媒体存在的形式就是创造媒体内容吸引读者群，并根据广告投放者的需求，将广告内容投放到特定的读者群，得以生存发展。然而，当终端阅读设备出现，绝大多数读者选择通过终端阅读设备进行阅读，传统纸媒失去了与读者之间的联系纽带，间接失去了广告客户和生存的基础，这就是市场环境改变导致产品和服务价值发生变化的直观现象。因此，持续关注供给价值的变化，保障经济模式可持续是根本。

6.3.2.3 经济模式创新要面对人工智能提升市场关键能力的问题

关键能力是市场对具体经济活动成功组织、运作的展现，主要体现在企业创新能力、经营管理等方面。技术的创新通常会给关键能力带来提升，并导致全新经济模式的产生。企业人工智能的发展依赖技术进步，而技术环节必须反映用户需求，让企业生产和用户消费实现连接，才能得到市场认可，也才能提高用户的生活品质，进而激励企业推出更贴近用户的人工智能服务，构建良好的能够自我完善的生态系统。在技术方面和应用方面，网络公司和软件开发公司能够发挥作用。在产业链条的技术基础方面，网络技术开发公司需要不断引进开发者，只有形成丰富和富有生命力的开发生态，才能实现产品的不断革新，也才能实现盈利的可持续性。在产业链条的技术应用方面，技术公司需要不断积累用户数据，才能使个人和企业更好地匹配，实现精准服务。在个人应用上，既可以吸引用户和流量，又可以收集数据，验证经济模式。市场内部不断学习创新，对经济活动进行组织优化和持续提升，使市场运作管理发生质的改变，核心能力得到飞跃式提高。一般来说，关键资源、关键活动、关键伙伴关系等都是市场关键能力的体现。市场提供的服务是如何创建的，为市场提供服务必须建立供需关系，为维持稳定的可持续的供需关系，市场要具备和获取哪些硬件或软件条件，这里称之为关键资源；同时，市场要提供服务还需要公关活动、营销活动来推动，这些活动可以被归纳为关键活动；在这些活动中，市场的各个边还需要合作伙伴来共同创造和转移价值，这些关系可称为关键伙伴关系。因此，经济模式创新在关键能力上，可以概括为，市场要面对在什么范围内进行创新，市场要面对以什么方式进行创新。

6.3.3 从"＋人工智能"到"人工智能＋"的讨论

大量在市场上被广为采用的经济活动证明，人工智能技术在经济模式创新和平台创建中发挥了重要作用，并引领着人们对基于新技术的新经济模式的探索。但是人工智能在经济模式创新中依然扮演着要素角色，而不是基础角色。目前与人工智能相关的经济模式创新主要体现为，传统的经济模式在围绕供需以及运营等要素基础上作出改革，并引入人工智能技术，提升产品和服务的品质以及管理的效率。实质上，这种模式创新就是"传统模式＋人工智能"，人工智能只是其中的一个要素。目前成熟的人工智能技术偏向于基础应用，呈现工具化、零件化的形态。而要充分发挥人工智能的潜能，应以人工智能为基础，让传统模式去适应人工智能，为人工智能作出改变，都要主动去匹配人工智能，使人工智能成为经济模式构建的平台。让各类要素在人工智能这个平台上找到最佳位置，而不是让人工智能在传统平台上找位置。这时，经济模式的创新就从"＋人工智能"进入到"人工智能＋"。"人工智能＋"经济模式创新具有探索全新领域的特点，"人工智能＋"的价值创建和传统渠道是不同的。结合以上的分析，未来"人工智能＋"经济模式创新或呈现如下趋势：

趋势一：场景模式代替流量经济引领需求。所谓流量经济，是指在经济领域中各种依靠经济要素或生产物的流动而带来经济效益与发展的经济存在形态的总称。在互联网的发展过程中很大程度上依靠的是流量，但是流量能不能带来效益。流量经济背后实际上是控制需求，通过需求吸引高端的要素。

人工智能技术的使用使企业能够更好地服务客户，提供更好的客户体验。随着更多数据的输入，人工智能通过机器学习提供了更加谨慎的结果。目前智能手机搭载的各类语音系统以及智能推荐，都依赖于对用户使用数据的搜集和分析，人工智能可以将大量数据转化为一个有助于增强客户体验的智能系统。当收集的数据遍布这个企业所面对的所有客户时，企业就可以确定它们在哪里获得最多和最少的交互作用，从而专注于交互最多的领域，提高成效，并提供个性化的客户支持，以加强较弱的领域。这种经济模式的参与者以软件公司为主体，这类在算法开发和通用技术开发方面成熟的平台，同时将场景应用打造成与用户终端衔接的入口，让场景应用吸引流量，逐步建立起依托应用的模式平台。场景模式需要对算法进行深耕，对通用技术进行升级，建立技术优势，同时以场景应用为入口，积累客户。另外，经济模式创新也可以通过创业公司和传统行业公司的合作来引领实现，以行业数据为基础，对场景进行大量细分，开发大量细分场景应用。场景模式的成功关键要依赖以下几类要素：首先，市场要收集并掌握大量细分市场数据，为应用选择适合的场景，依托场景来建立应用，而且这类场景应用应该是多维度的，从多个角度吸引不同的客户，并能留住客户；其次，创业公司和传统行业公司需要与互联网公司积极开展合作，有效结合传统模式和人工智能。

趋势二：构建产业链生态引领供给。现如今市场已经充斥着各类打着"人工智能"旗号的智能产品。例如，智能水杯，其主要功能为水温显示、高温预警、微信互联等。其中的功能一般都需要人为地在相应的智能 App 上进行设定，才能实现智能。如果使用者有新需求就得重新设定，实际上是"人工手动"智能。现在很多类似的"智能硬件"设备，都是通过人工的一些设定实现自动。当然，很多人工智能系统都需要冷启动。但还有很多技术已经潜移默化地进入我们的生活。例如，百度翻译、谷歌翻译目前已经完全可以满足人们日常的翻译需求，还有"智能推荐""个人语音助手"等。目前人工智能都是呈现一个完整的闭环产品形式在展现，用户无法真切地感受到人工智能给我们生活中的细节末梢带来的巨大变化。当技术未成熟时，人工智能，很难作为一个独立的载体，开放式地为人类服务。基于人工智能的产业链生态要以互联网技术公司为主体，这些技术公司长期在网络数字技术方面进行了大量投资，为相关的前沿基础设施和技术做了相当深厚的储备。也可以在垂直领域依靠杀手级应用（如出行场景应用、面部识别应用等）积累大量用户和数据，并深耕该领域的通用技术和算法，成为垂直领域的颠覆者。大数据计算能力的获取和提升，多维数据的巨量累计，并且这些数据是优质的，依赖算法建立技术演示平台、通用平台和可实际应用的平台，重点以场景应用来吸引并获取客户，以上这些因素将会扮演重要的角色。

趋势三：重构基础设施引领市场关键能力。未来人工智能将重构社会基础设施，并以基础设施的角色服务于人类，最终使人工智能本身就成为基础设施。这需要从技术发展来看社会变化，一个技术基础设施平台，它所代表的是更加廉价的计算成本、更加廉价的存储、更加廉价的通信，智能设备变成每个人的基本设施。在这样的一个社会基础上，所构造的各种应用，和传统基础设施变的完全不同。人们使用的电子商务，日常的学习与工作，各种社交群体，以及所看到人和物的连接，所有东西基本的特征就是实时、廉价，并且普及。事实上人工智能技术已经存在了很长时间，经过几轮热潮，但长期发展不起来，主要就是因为基础设施不够强大。基础设施的重构，从基础设施切入，提高技术能力，向数据、算法等产业链上游拓展。以此赋予参与者关键能力，这里的关键能力包括经济模式创新所需的关键活动、关键资源、关键伙伴。基础设施与人工智能的融合程度目前还比较低，因为它需要围绕人工智能的全行业全产业链的介入。人工智能目前来看属于表面繁荣，也就是说，满足普通消费者的一些猎奇的心理，同时又是业界讨论的热点。因此目前人工智能技术基本活跃在网络公司，并没有很好地真正为基础产业解决问题，而能够为基础产业解决问题才是人工智能真正应体现的价值，也就是赋予企业一些关键能力，才是该技术存在的价值。

新时代带来新机会，这也要求思维方式随之转变，从移动互联网的角度思考转变为从人工智能的角度思考。我们处于移动互联时代，即将进入人工智能时代。在移动互联网时代，经济模式创新最终要实现的是在触摸屏给用户提供一种怎样的体验；而在人工智能时代，要思考在特定场景下，具备何种功能的设备才能给用户最佳体验。另外还需要我们从关注软件转变为软硬结合，重新定义"以人为本"。不论是 PC 互联网时代还是移动互联网时代，人们对于软件层面关注较多。但是在人工智能时代，需要更多地去关注软件和硬件的结合处能够有哪些创新。例如，现在流行的无人驾驶汽车、智能音箱，都是软硬结合的典型代表。

尽管基于人工智能的经济模式创新对于未来市场的成功十分重要，但目前对于解决经济模式创新面临的障碍方面研究得并不多。某些困惑或阻碍是模式创新的关键障碍，这些障碍与管理者的心态和管理者的抵触有关，很多时候管理者不愿改变，以此来避免风险。而这种心态和抵触的根本原因在于企业找不到突破口，或者对引爆点看不清；另外，企业缺乏宏观视角和长远考虑，今天对于人工智能的投资是对企业未来的布局，进入人工智能领域的企业需要清楚这一点。人工智能已经被视为经济模式创新的一个新的机会，但是企业需要仔细评估这些机会。当企业所拥有的或者是所利用的人工智能不断获得更多的市场资源的时候，企业也需要考虑，如果不去利用人工智能，企业所面对的一系列的市场关系应该如何发展和维持。面对人工智能所带来经济模式创新浪潮，面对运作结构和理念上的革新，市场不仅需要经济创新模式的转换，更需要思维方式的变革。

6.4 本章小结

综上所述，破解互联网思维的误区，关键要抓住"以用户为中心"。从"企业价值塔"到"企业价值环"的变化，反映的是用户位置在企业价值结构中的变化。企业需要的不仅是要考虑用户的需求，而是要把用户放在中心位置。只有这样，身处互联网时代的企业，才能在互联网思维中抓住经营的本质，全心全意为用户服务，让用户满意，防止陷入互联网思维的误区，被各种看起来新鲜但又一知半解的网络新词所迷惑。互联网思维中，有很多新颖的经营观念，但更多的是传统经营观念在互联网时代的加强和放大，因为有了互联网等新技术的支持，很多传统的经营理念能够被更好地实现。因此，在理解互联网思维时，我们没必要把它看的过于高高在上，认为距离我们普通经营者很远；也更不要过分崇拜，认为互联网思维是万能钥匙。我们需要的是踏踏实实为用户服务，以互联网为代表的新技术是为了帮助我们更好地为用户服务，把握住这一关键点，我们就把握住了互联网思维的本质，就能真正让互联网思维为我所用。

平台现象变得越来越引人关注，今天的企业确实需要重新审视它们的商业模式，以利用平台带来的机会。今天的平台模式本身又是数字化和网络化的，企业面对的问题不仅仅是去升级硬件设备实现网络化和数字化，更重要的是要知道如何去利用数字化和网络化，数字化和网络化应该是一种经营战略，而不仅仅是一种技术升级。这种情况下，在平台使用方面的明显转变已经被我们看到。早期的平台被视为基于通信技术的信息沟通的基础设施，但是现在的平台已经成为许多公司经营活动不可或缺的基础生态系统。

平台为价值创造、价值获取和价值转移带来了新的机会，因此企业需要通过价值重组、再中介或非中介化等方法来创新商业模式。一部分企业将会成功拥有并管理运营自己的平台，但对于大多数企业而言，更重要的是需要了解如何利用平台。平台通常被视为商业模式创新的一个新的机会。但是企业需要仔细评估这些机会。当企业所拥有的或者是所利用的平台不断获得更多的市场资源的时候，企业也需要考虑，如果没有平台，如果不去利用平台，企业所面对的一系列的市场关系应该如何发展和维持。

当今天我们大量关注平台商业模式的时候，是因为我们看到了平台商业模式的成功运作，但我们也必须清楚，失败的平台商业模式也很多，甚至不乏一些知名企业。因此，当企业决定利用平台来创新商业模式的时候，必须全面考虑自己所具备的能力和拥有的资源，以及运行平台所需的关键要素，包括优化开放、吸引开发人员、分享盈余、撬动正确的一边、对早期使用者的吸引等等，这些都是成功运作平台的关键。

随着互联网不断深入社会经济和大众生活，人们发现互联网已经成为我们活动的基础，互联网发展成为"互联网＋"。而伴随着人工智能技术的发展和应用的拓展，人工智能也必将深入大众生活的各个领域，发展成为"人工智能＋"。大量在市场上被广为采用的活动证明，人工智能技术在经济模式创新和平台创建中发挥了重要作用，并引领着人们对基于新技术的新经济模式的探索。但是人工智能在经济模式创新中依然扮演着要素角色，而不是基础角色。目前成熟的人工智能技术偏向于基础应用，呈现工具化、零件化的形态。而要充分发挥人工智能的潜能，应以人工智能为基础，让传统模式去适应人工智能，让各类经济要素在人工智能这个平台上找到最佳位置，而不是让人工智能在传统平台上找位置。这时，经济模式的创新就从"＋人工智能"进入到"人工智能＋"。这不仅是一种经济创新模式的转换，也是思维方式的变革。

第 7 章

数字环境下新技术应用对于
农业发展影响的思考

7.1　区块链与实体经济融合对于农业企业经营的影响

7.1.1　传统产业面对的问题

实体经济的发展关乎国家社会经济的根本，伴随着技术的不断进步，如何实现新技术和传统产业的融合，一直是摆在各个国家或地区面前的难题。新技术的发展往往会带来新的产业形式，那么是不是就会出现新产业对于传统产业的冲击，甚至对传统产业的淘汰呢？产业的变革对于任何一个经济体而言都是战略性问题。对待新技术和传统产业，要更加重视两者的融合，更加重视利用新技术对传统产业的提升，要具有战略眼光。产业的发展本身就是在技术的不断进步下持续推动的，这是一个历史进程。无论是政府还是企业，对此要有深刻认知，传统产业需要适应技术变革，同样，新技术也要更好地去服务传统产业，让两者磨合过程中可能产生的损失降至最低，这才是对待新技术突飞猛进所应有的态度。近年来，全球新技术的爆炸式增长让人们更加确认世界正处在产业技术革命的进程中。所以说，面对历史机遇，无论是政府、企业还是个人都应有所作为，积极利用前沿技术，实现传统产业的跃升，继续发挥传统产业所在的实体经济领域在国民经济中的作用，不能出现产业空心化的问题。近年来快速发展的区块链技术再次为传统企业深化变革提供了机遇。

7.1.2 区块链技术的兴起

区块链技术的兴起与发展，可谓是如火如荼。2016 年 12 月，国务院印发《"十三五"国家信息化规划》，将区块链纳入新技术范畴并做前沿布局，标志着党中央、国务院开始推动区块链技术和应用发展[139]。当前，全国超过 30 个地区发布了指导文件开展区块链产业布局，我国区块链开始进入商业，如同大潮逐浪一样，以不可阻挡之势，席卷了社会的各个领域。"区块链+""区块链时代""区块链思维"等概念的出现，正是对这一社会现象的描述与反映。区块链技术给人们的社会生活带来的冲击与变化将会是极其巨大的。

区块链技术的发展大致经历了三个阶段。第一阶段，2008～2010 年。2008 年 11 月，当时一个化名中本聪的人发表了论文《比特币：一个点对点的电子现金系统》，文中首次提出了比特币概念。这套电子支付系统基于密码学原理而不是信用，使得任何达成一致的双方能够直接进行支付。2009 年 11 月该系统正式运行，区块链中第一个区块诞生。直到 2010 年 7 月，比特币的价值才逐步得到认可，世界上第一个比特币交易平台成立。第二阶段，2011～2015 年，比特币逐步在全世界范围被接受，然而伴随着比特币的发展，比特币本身也暴露出问题，包括托管供应商的服务器管理密码泄露带来的比特币失窃，以及不法分子利用比特币匿名的特性进行非法活动等。但是，对于比特币的种种质疑，并没有妨碍人们对于其底层区块链技术的认知和关注。区块链逐渐成为热门话题，业界开始进行深入验证和探索。第三阶段，2016 年至今。区块链行业应用探索百花齐放，真正从小众走向大众[140]。伴随着区块链领域众多问题的逐步突破和解决，其实践应用进程大大加速，应用项目的数量和质量不断提升，并逐渐加强与实体经济的结合。

区块链发展如此迅猛，自然少不了国内互联网巨头们的布局。2016 年 7 月，阿里巴巴旗下蚂蚁金服将区块链技术首先应用于支付宝爱心捐赠平台。2017 年 3 月，阿里巴巴和普华永道开始应用区块链共同打造透明可追溯的跨境食品供应链。2017 年 4 月，腾讯发布《区块链方案白皮书》，打造区块链生态。2017 年 6 月，京东集团宣布成立"京东品质溯源防伪联盟"，通过区块链技术提供供应链实时溯源服务。2017 年 8 月百度金融发行了个人消费汽车租赁债权 ABS 项目，是国内首单以区块链技术作为底层技术支持，实现底层资产全流程的数据实时上链跟踪。2018 年 1 月，360 金融也宣布成立区块链研究中心。在 2018 年国内新成立的主营区块链业务的公司就达 299 家。①由此区块链时代、区块链环境、区块链思维的概念被越来越多的人所认知。区块链技术的不断升级与普及，必将深刻影响人们的社会生活。

7.1.3　传统产业的变革需要与区块链技术的深度融合

7.1.3.1　区块链技术将会深度融入社会各领域中

区块链技术的影响，将会是无处不在，正如当前互联网技术对社会的影响，但这远远不是互联网技术发展的终点，而仅仅是发展的初始阶段，新的发展浪潮还在后面。移动互联网的上半场已经接近尾声，下半场的序幕正在拉开，而互联网的主战场，正在从消费互联网向产业互联网转移。产业（行业、企业）互联网就是互联网＋传统产业（行业、企业），"互联网＋"是创新 2.0 下的互联网发展的新业态。相应地，"区块链技术＋各个传统产业"并不是简单的两者相加，而是利用信息通信技术以及互联网平台，让区块链与传统产业进行深度融合，创造新的发展生态[141]。即充分发挥互联网在社

---

① 工业和信息化部信息中心.2018 年中国区块链产业白皮书［R］.2018.

会资源配置中的优化和集成作用，将区块链的创新成果深度融合于经济、社会各领域之中，提升全社会的创新力和生产力，形成更广泛的以区块链为基础技术和实现工具的经济发展新形态，其深层意义是通过传统产业的区块链化实现产业升级。

7.1.3.2　区块链技术与实体经济融合的特征

从国内形势看，经济发展进入新常态，实体经济作为国民经济"压舱石"的作用进一步凸显。当前宏观经济面临较大的下行压力，主要表现为"四降一升"，即经济增速下降、工业品价格下降、实体企业盈利下降、财政收入增幅下降、经济风险发生概率上升。如何适应经济发展新常态，确保以工业为重点的实体经济加快发展，不仅是应对错综复杂的经济形势、保持经济平稳较快增长的根本途径，而且是推动经济转型、加快转变经济发展方式的重要举措。同时我们也看到，改革开放以来，我国从低收入国家迅速成为世界第二大经济体，靠的正是实体经济，今后要全面建设社会主义现代化国家、全面推进中华民族伟大复兴的中国梦也必须依靠实体经济。

实现传统产业的转型升级和结构调整是提高我国经济质量和水平、综合竞争力的关键举措。通过现代信息技术对国民经济发展的放大作用、叠加作用和倍增效果，使传统的一二三产业以创新带动守旧，以增量带动存量，通过互联网、大数据、人工智能以及区块链技术和实体经济深度融合，提高全社会全要素生产率[142]。因此，区块链技术作为底层技术，在开始逐步对社会各领域开始产生重要影响的时候，加快与实体经济的融合，让实体经济搭上区块链发展的快车极其重要。

"区块链+实体经济"是企业所具有的新形态，可以发现，区块链技术与实体经济的融合有六大特征。一是跨界融合。跨界就是开放，就是变革，就是创新。二是创新驱动。我国粗放的资源驱动型增长方式，必须转变到创新驱动发展这条正确的道路上来。由信息流的交互、共享、开放形成的企业创新的新业态，为创新驱动奠定了坚实的基础。三是重塑结构。企业的区块链化，使企业的组织经营结构，按照区块链特性的要求实现重塑。四是尊重人性。生产服务更加人性化，追求生产服务的个性化，使生产服务更加贴近不同消费群体的个性需求。五是开放生态。开放生态是"区块链＋"的重要特征，我们推进"区块链＋"，其中一个重要方向就是要把过去制约创新的环节化解掉，把孤岛式创新链接起来。六是连接一切。它是"区块链＋"的目标，既是其开放性的体现，也是"区块链＋实体经济"创新的基础。

"区块链＋实体经济"是区块链与实体行业的企业全面融合，区块链将进入到企业生产与管理经营的各个环节，成为企业不可分割的组成部分[143]。企业在完成了区块链化的嬗变之后，将表现出鲜明的时代特征。其一，企业的生产将出以质量为中心演变为以客户为中心，当然也会更加重视质量，更加重视人的个性化需求的满足。创新成为企业发展的根本动力，围绕消费者、客户的需求全员创新、全面创新并成为常态化。其二，与消费者、客户实现了无障碍互动，并在企业创新发展与提升服务质量服务水平过程中发挥着重要作用。其三，企业运营的成本更低、效率更高、效益更好、发展更快，企业的管理更人性化、更绿色环保、更具可持续性。

7.1.3.3 区块链技术与实体经济融合的历史意义

中国经济必须走实业富国发展之路。只有将经济发展建立在实体经济上，挤掉泡沫，中国才能在各种国际经济风云变幻中稳步健康持久地阔步前行。真正增加社会财富的是实体经济，盲目发展投机炒作成分过大的虚拟经济只能带来市场扭曲、价格暴涨、通货膨胀和各类经济金融泡沫凸显。因此，伴随区块链技术的发展，推进区块链技术与实体经济融合，加速实体经济领域的传统企业向信息化企业的转变意义重大。

对于一个企业而言，如果不能成功实现由传统企业向信息化企业的转变，或在此新旧转变的过程中不能够抢占先机，不能在一定的时间段完成这个转变，那么在严酷的市场竞争中，就会被淘汰。值得注意的是，今天的企业竞争，比以往任何时候都更激烈、更残酷、更难以逃避。因为开放的大环境，已将我们每一个企业的竞争，直接推上了国际舞台。同时，信息时代的到来，也使得全世界的企业，从远隔千山万水到近在咫尺。人类第一次、第二次工业革命，我们错过了时机，被远远地抛在了后面，结果就有了百年屈辱，国破家亡，惨遭西方列强的践踏和蹂躏。落后就要挨打，血的教训犹在眼前，所以能否快速完成传统企业向信息化企业的转变，在第三次技术革命浪潮中，跟上时代的步伐，事关民族兴衰。值得庆幸的是新中国的成立，为中华民族的伟大复兴奠定了坚实的基础，经过几十年的艰苦奋斗，奋力追赶，我们补上了第一次、第二次技术革命的欠账，当时代迎来第三次技术革命浪潮时，我们已经和西方发达国家站到了同一起跑线上。这是中华民族实现伟大复兴的重大历史机遇，全体中华儿女，对此必须要有清醒的认识，中华民族必须抓住这一历史机遇，完成好传统企业向信息化企业的转变，实现中华民族经济与社会的新飞跃。

由铁到钢的淬变，需要的是达到一定温度的高温环境，同样传统企业向信息化企业的转变，也离不开不断深入发展的区块链技术环境。但作为与自然界不同的人类社会的一种社会现象，要实现这样一个伟大的时代巨变，仅有区块链的环境，仅靠环境的作用是不够的，人的能动性、主动性，在这个过程中将起到至关重要的作用。例如，政府的政策驱动、财力支持，区块链企业与传统企业的密切配合积极实施，社会大众的积极支持、互动参与，都将是实现这一时代巨变最有效的推动力量。企业经营者要认清时代趋势，增强危机意识，强化紧迫感，提升内在动力，以时不我待的精神和志在必得的勇气，投身到企业区块链化的实践中来；而政府要做好顶层设计、宏观规划、政策驱动与资金支持等重要基础性工作，为企业的区块链化提供必要的条件；社会公众要积极参与，为企业的区块链化提供有利的社会环境[144]。总之，中国在"后疫情时代"逆全球化加剧和经济衰退背景下，抓住区块链技术发展的历史性机遇，对于在新一轮科技革命中实现实体经济的"换道超车"和抢占数字经济国际竞争战略制高点意义重大。

7.1.4　农业企业经营理念的变革

7.1.4.1　区块链环境下对企业产品、服务质量的要求——公开透明

在区块链环境下，产品能够实现溯源，这就要求企业必须保证产品质量，质量是基本要求。企业对产品质量的重视，正由产品质量就是企业的发展和效益，向着产品的质量就是企业的生命和灵魂转变。任何一个企业要长久地生存发展，就必须千方百计地提高产品质量和服务质量。

虽然互联网普及有利于信息传播，但是网络信息鱼龙混杂，信息传播在企业和消费者之间依然是不对等的，所以信息还是相对闭塞的[145]。企业与社会虽然对产品的质量也有较清醒的认识，有的企业甚至也喊出了"质量就是企业生命"的口号，但假冒伪劣商品仍在市场上有可乘之机。原因是信息相对闭塞、信息交流相对缓慢滞后的社会生态，为假冒伪劣商品的滋生蔓延提供了土壤和空间。

区块链时代的到来，有助于企业交易安全度的提高[146]。无处不在的信息溯源彻底铲除了假冒伪劣商品滋生存在的土壤和空间，使其无处遁形[147]。区块链环境打假冒、除伪劣的作用，是由区块链技术对信息传输的即时性、海量性、全球性、互动性、多媒体性、开放性等特性决定的。在区块链环境下，假冒伪劣商品必将失去所有的生存空间，无处躲藏、无处立足，只能退出市场。区块链环境下不断提升的服务质量、服务水平，也使假冒伪劣商品更加难以生存。各种商品售后的保质期、保修期，一定时间内的无条件换货、退货等一系列人性化的服务规定，使得假冒伪劣商品更加难以滋生和立足。区块链环境下，所有企业都将会比过去任何时候，更加重视产品的质量。以不断创新、打造让顾客满意的高质量产品，推动企业的发展，这将成为区块链环境下，企业生存发展不可逆转的趋势。任何一位致力于企业发展的企业家，对紧紧围绕客户需求，以产品质量求发展、以提升服务水平求发展的理念，稍作旁骛都将遭遇挫折和失败，这是区块链环境所决定的。

7.1.4.2　区块链环境下对企业公众形象的要求——社会责任

区块链环境下，企业对自身社会形象的重视程度，将发生显著的变化。对于品牌本身而言，造假对品牌形象和市场经济都带来很大的负面影响，区块链技术对于品牌市场的进一步规范，起到了保驾护航的重要作用。运用区块链防伪溯源技术，通过整合防伪溯源产业链上下游资源，在行业内及行业间的整体产业网格，最终打造包括原材料供应商、生产供应商、流通供应商、销售供应商等各类优质供应商资源在内的生态圈。在这样的区块链环境下，企业对自身形象将变得越来越重视，视社会责任为己任，勇于担当、热心公益，对服务社会、服务公众充满热忱。企业形象包括许多方面，其中包括：企业的产品形象、市场形象、技术形象、环境形象、服务形象、员工形象、经营者形象、公共形象、社会形象等。企业形象是企业文化建设的核心，是企业精神文化的一种外在表现形式。

在区块链时代到来之前，人们对企业产品的选择，重视的是产品形象，例如，产品的质量是否耐用，花色、设计是否美观，价格是否合理，等等。而对产品以外的企业信息很难了解，即使企业刻意宣传，由于受传媒手段的限制，也很难为绝大多数公众所了解。而在区块链环境下，消费者不仅能够更全面地了解企业产品的形象，而且能够了解产品企业的规模、技术研发能力、在国内外同行中的地位排序、企业产品的销售量、消费者的评价、售后的服务，以及企业是否勇于担当社会责任、是否有爱心、是否乐于服务社会、服务公众等，各方面涉及企业形象的众多信息。在区块链环境下，企业的形象不仅为所有的公众、消费者群体一览无余，而且还必将成为影响消费者对企业产品选择的重要因素。无处不在的区块链技术支持的溯源手段，使所有消费者与所有企业及企业的产品实现了零距离，每一个消费者在购买企业产品前，不仅要认真地审视产品本身，同时还会对生产该产品的企业进行审视，以确认该产品是否是自己想要选择的产品。在这样的环境下，企业形象将成为企业竞争力的重要组成部分。因此未来区块链环境下的企业，无论是受互联网思维的锤炼，还是受企业生存发展竞争的驱使，都必将更加重视自身的形象。区块链环境下的企业，将变得对消费者的服务更加到位、更加温馨至诚，变得更加有社会责任感和爱心，每个企业都重视关心公益事业，热心服务社会，热心服务大众。

7.1.4.3 区块链环境下对企业创新的要求——共同参与

在区块链环境下，企业创新发生了显著变化。企业创新由产品创新演变为全方位的创新；创新由个别部门、个别员工的行为演变为所有部门全体员工的行为；创新由个别部门的职能演变为企业整体的经营理念，成为企业发展的根本动力。创新对于企业历来都是至关重要的，研发出一款受消费者欢迎的新产品，企业就有了竞争力，就能够占有更大的市场份额，创造更多的经济效益，实现更大的发展。

在区块链环境下，区块链的去中心化、信任性、开放性、自治性、信息不可篡改和匿名性等特征，使创新也带有鲜明的时代特征。区块链技术已经成为一系列现有成熟技术的有机组合，在实体经济和虚拟经济中都有广泛应用。对于企业管理而言，从最前沿的企业管理模式分析，区块链技术有利于实现供应链管理模式的创新、激发智能制造、提高财务管理效率、实现精准营销。在互联网时代到来之前，创新研发出一款新产品一经定型，企业就会千方百计地延长新产品在市场上的寿命。而在互联网环境下的创新则不同，它在企业与消费者的互动中不断发现不同消费群体的个性需求，并通过创新不断改进产品，来满足不同群体的个性需求，进而扩大市场的份额[148]。而到了区块链时代，创新不再是一个研发部门的事，而是由消费者参与，是全体员工的事、全方位的事、全天候的事。区块链弱中心化，其理念基础是分布式账本。弱中心化即相关活动与动作并不依赖于某一个权力节点或中介机构。不依赖于权力节点，在资源调配和协同工作之中，小组、项目组之间可以直接建立沟通，更多的组织架构是以网状形式完成各功能部门之间协调与合作。把以往集中存放的数据分散开，并广范围散播给全局，通过全局节点对信息做共同治理。企业的创新内容由单一的产品创新，转变为产品、营销、组织、经营、管理等全方位的创新。企业的经营者与全体员工，时时准备发现创新的切入点和突破口，毫不迟疑地进行创新，以给企业注入新的更强大的活力，推动企业的发展。

7.1.4.4 区块链环境下对企业经营者的要求——共赢思维

区块链环境下的企业家、企业经营者，是适应这个区块链时代的先行者。在区块链时代，他们将最先具有区块链思维，他们较之区块链时代到来之前，个性品格特征也在发生着转变，其突出的显现是，更加注重学习、更加注重自身修养、更加注重自身形象、更加具有爱心、更加热心公益。

从思维上来讲，区块链的本质不是"去中心化"，也不是分布式储存。这些都是区块链的技术手段。区块链的本质是共赢，因此区块链思维就是共赢的思维。协作共赢其实是回归到了人类最初的社会模式，在人类进化的过程中，打败其他物种，战胜自然界的种种考验，最终站在了食物链的顶端，靠的就是人与人之间的协作共赢。在这种思维模式下，一种共赢模式被设计出来，把所有的员工、用户、供应商、广告商等都绑定在一起，形成利益共同体后，整个社会的活力都会被激发出来。

对区块链思维进行进一步拆解后可以发现，区块链思维的逻辑有三个：

（1）分布式思维。分布式其实就是去中心化，本质上是权责利的去中心化。

（2）代码化思维。在区块链的世界，一切都是代码。通过代码来记账，通过代码来执行协议，通过代码来进行计算。代码化思维追求的是合作的透明度，提高履约率并降低信用风险。

（3）共识性思维。人类纷争的本质就是共识的流失，而人类社会发展的本质则是共识的凝聚和达成。现如今各种国际矛盾，也是源于不同经济体之间缺乏利益共识。区块链就是以共识为基石来构建的，在这个世界里，只有达成共识才能开启交易，形成社群。

责权分布式思维、协议代码化思维、经济共识性思维是构成区块链思维的三大逻辑，它们支撑着去中心化的思想，推动实体经济数字化发展，推动社会组织向分布式社区制转变。当下，遇上了区块链技术发展的好时机。我们要习惯运用区块链思维去照亮我们的认知盲区，真正思考区块链浪潮下我们的进与退。

7.2 对于区块链伪链的治理思考

7.2.1 关于区块链伪链的阐释

在人类社会发展的历史长河中，人类经历了多次技术革命，这些革命显著降低了交易成本，创造了新的沟通方式并改变了基础设施架构，最终实现了新的技术范式。在农业社会，由于技术水平的限制，人们的活动空间有限，人与人之间的各种行为很多都集中在很小的范围内。而在工业社会，随着技术的进步，距离很远的人们可以实现人员和物资的流动，活动空间大大扩展，陌生人之间的互动行为变得不可回避，通过契约的方式获得承诺和保证就变得尤为重要。传统社会构建基于权威和个体信任，现代社会的构建在很大程度上是确立系统信任[149]。当前，随着互联网的普及，人们在网络虚拟空间的行为逐渐成为人类社会生活的重要组成部分，伴随新技术的快速发展，适应信息社会、数字社会需求的运行体系的创新也在酝酿之中。

在这样的技术变革的大背景下，区块链的表现尤为耀眼。区块链是信息领域的新技术，综合了数学以及密码学等多学科知识，本质上相当于一个可以共享的数据库，在其中存储的信息，拥有不可篡改、可以追溯、集体维护以及公开透明等显著特征。这些关键特征充分保证存储信息的可靠性和真实性，意味着区块链技术可以为"信任"奠定坚实基础[150]。因此，区块链技术的应用场景是十分广阔的。但是，目前并不是所有的区块链技术项目都是真正的区块链项目，区块链伪链混杂其中，是当前区块链技术应用过程中需要特别关注并加以治理的问题。尤其是将区块链技术融入社会各领域体系的建设中，对于社会方方面面的变革影响巨大，不能让伪链充斥其中成为社会创新的阻碍。

对于区块链伪链的理解，首先需要明确什么是真正的区块链。区块链单纯从技术角度来看，可以说已经是一种重大的技术创新，但是其意义不仅止于技术层面，其对人类社会生活的影响将会更为深远。由于区块链本身就是电子货币比特币的底层技术，因此其技术本身天然具有信用支持的优势。虽然比特币暴露出一系列问题，并面临着社会各个层面的挑战，但是其背后的区块链技术得到了越来越多的关注，业界开始进行深入验证和探索。由于区块链技术具有开源、透明的特点，并且每个数据节点都保留着账本的历史，同时内容真实完整，确保交易历史可靠没有被篡改，相当于提高了系统的可追责性，降低了系统的信用风险[151]。因此，对于区块链的理解不能简单从单一的概念入手，而是一个过程，这个过程就是区块链在应用过程中，对于应用所需要的某种信任、某类信息或某种价值的生成、作用和约束。因此，对于区块链伪链的阐释，本章也会从生成机制、作用机制以及约束机制三个方面进行分析。

7.2.1.1 生成机制层面

区块链对于传统信用体系最大的颠覆在于信用的生成。传统的信用体系下，人们需要契约，需要对交易双方各种信息的了解和确认，才能形成对交易的信任。但在区块链技术下，利用 P2P 传输、分布式数据存储、共识机制以及加密算法等多种技术的集成，区块链可以在没有第三方扮演担保角色的状态下，塑造出一种由集体各方参与维护、可信的数字化交易环境[152]。因此，区块链生成的信用是基于数学原理，通过算法来生成人们之间的信用，以为各方共识形成背书。可能会有人认为，这种基于纯粹技术的信用生成并没有改变传统信用体系的本质，交易的形成本质上依然需要契约，需要合同来保证，只不过形式上发生了变化，从一纸文件变为一串代码。其实并不是这样，虽然交易都需要合同，合同所代表的实质需要注意，本质上是一种合意，是合同各方对于交易的认可、这种认可是如何产生的呢？也许是因为交易各方彼此信任，也许是第三方机构做担保，等等，现代社会中交易双方很多时候都是选择依赖独立的第三方权威机构来担保。但是，区块链下的信用生成，交易双方不再需要了解对方的各类信息，交易一方也不再需要知道对方的基本情况，更不再需要第三方机构来扮演信用担保的角色。使用区块链溯源商品等同于通过了技术背书，人们不必相信第三方平台，而是相信技术[153]。但在区块链伪链中，依然需要第三方证明机构的权威性，而不是来自区块链技术本身的特性。在区块链伪链的机制下，从理论上讲，交易双方对彼此是否信任，交易双方是谁都已经不再重要，但是为交易本身提供真实可靠的信息依然需要第三方背书，区块链仅充当另一种在线存储数据的机制，并没有真正发挥信用生成的作用。因此，区块链伪链在生成机制上，实际上是并没有做出真正的改变和升级，只是利用区块链的技术外衣重复现有的信息、价值以及信用生成机制。

7.2.1.2 作用机制层面

信用的作用机制在于如何保证信用自始至终的全程可信，让信用真正发挥它促进交易、为交易提供顺利进行的保证和依托的作用。在传统信用体系中，信用的作用表现为交易的各类信息都是真实可靠的，因为彼此信任，所以交易可以进行，但是面对的问题也显而易见。例如，信息篡改的问题、真实信息不被披露的问题，买卖双方信息不透明、不对称是市场中常见的现象，正是因为不透明，在传统信用体系下，信用的作用过程往往过于依赖第三方机构的证明。但是，谁又来监督第三方机构呢？这是一个没有终点的信用证明。所以，现实中，很多交易虽然最后完成了，但是也没有建立在真正的信任基础上，交易本身很可能是在大量虚假信息的作用下完成的。这是传统信用体系下很难解决的问题。但在区块链技术环境下，区块链自身的透明性特点以及不可篡改特性就很好地解决了这个问题。数据上链后，任何时间地点的数据更新都会同步到整个链上。区块链的一个重要的技术特点是分布式账本，也就是区块链的多中心化特征。当某个成员将新的信息输入区块后，网络中的其他成员可以迅速发现对账本中修改的部分，任何修改都会被成员发现。这种技术特点实现了数据的透明性和不可篡改性，同时，对账本中所有的变化均是可以追溯的，任何变动都可以查到来源，技术本身就自带拥有极高效率的监管功能。区块链实际上为交易信息提供一个可信的数据认证平台，保障数据存储上的可追溯性和不可篡改性，确保交易信息真实可信[154]。但在区块链伪链中，并不能真正做到溯源，也就是原始信息来自哪儿的问题，区块链伪链实际上回避了这个问题，上链信息可能本身就已被篡改，区块链伪链很可能保存的就是虚假信息。因此，这种证明的形式实际上是不安全的。如果一个交易的全部环节都运行于区块链伪链体系上，产品和交易双方的各类信息都无法实现真正的可追踪、可溯源，也就无法形成一整套不可修改、不能造假的记录。

7.2.1.3 约束机制层面

信用体系能够正常运作的一个重要支撑要素是约束机制，也就是如果交易一方违约，能够得到相应的惩罚。在现实社会中，这种惩罚可能体现为名誉上的，也可能体现为财产上的，总之，一旦违约是需要付出代价的。传统信用体系通过这种约束机制，使交易双方能够信任交易合约。但是在区块链的技术环境下，约束方式则体现为智能合约。之所以称之为智能，是因为这种合约的执行不受第三方操控，交易双方只需要将彼此的合同执行条款转化为数字化语言，形成智能合约记入区块链即可。一旦满足触发条件，便自动完成交易，不受外界干预，因此智能合约会减少交易欺骗行为[145]。现实中，最典型的例子就是自动售货机，虽然不是应用区块链技术，但是拥有相似的原理。我们在使用自动售货机时，通过投币、点击商品、机器调出相应商品完成交易，整个过程实际上是事先设定好的机器本身的一套智能程序，一旦触发条件，机器就会自动执行。这个过程，消费者和销售商无须面对面，无须彼此建立某种信任，由于机器所拥有的技术设备，包括对假硬币的识别，无论消费者还是销售商都不用担心外界的干扰，不用担心交易中出现假钞。当然，自动售货机也会暴露一些问题，但是凡事都有一个优化的过程，关键的是这样一套自动执行合约的机制很重要，有了可靠的约束机制，就可以在现实中不断优化完善，让其更好地发挥作用。而在区块链伪链中，这套机制实际上无法真正发挥作用。智能合约并不一定要依赖于区块链来实现，但没有区块链的智能合约，存在着很大的信任问题，可以被人为修改。而前文中我们已经阐述过区块链伪链在信用生成和作用机制中的问题，因此，依赖于区块链伪链的智能合约依然存在严重的信任问题。

7.2.2　区块链伪链引发的问题

区块链伪链无法实现区块链真正的作用和价值的同时，也给社会运行体系创新带来一系列问题。首先，区块链伪链并没有在交易双方之间建立一种集体维护的信用环境，无法消除传统社会信用所需的第三方中介，伪链本身实际上成为新的信用中介。其次，区块链伪链无法保障信息的真实可靠，原始信息的真实性无法保证，区块链伪链的信息本身很可能也是被处理后录入的。所以这就涉及伪链的原生错误问题。最后，区块链伪链脱离现有的社会数字化以及人工智能技术的发展现实，落地后根本不能实现区块链本应具有的功能和价值，真正的区块链技术的发展和应用范围的扩展需要一个过程。接下来，就以上这些问题来开展详细的分析。

7.2.2.1　区块链伪链让"去中心化"变成了"再中心化"

区块链技术的"去中心化"被认为是区块链最根本的特征，主要是指在网络结构上，形成一个多元化的结构，节点之间彼此可以自由连接和制约，不受某个中心节点的管制，实现每个节点平等自由的数据交换。这意味着区块链中没有能掌控一切的中心，能够实现信息的公开透明，实际上简单来说，去掉的就是中央控制方和中介方。在传统社会信用体系中，中介扮演着重要角色。中介在本质上不生产任何内容，其作用在于使交易双方实现某种程度的信息匹配，市场上常见的状态是交易双方信息不对称，因为信息不对称所以交易发生需要一个过程，这个过程本质上来讲就是在收集信息，克服市场信息不对称带来的困难[155]。而中介的角色就是促进双方信息匹配，让信息不对称的市场尽可能的信息对称。伴随着社会发展和技术进步，中介也在变化，在互联网还没出现的时代，中介可以依靠个人或品牌口碑，再加上收集的信息进行撮合；到了互联网时代，尤其是大数据应用普及的时代，互联网中介巨头依靠其掌握的巨量数据，极大地提高了撮合效率。但这也使少数互联网巨头拥有过于强大的市场力量，实际上就是中心化力量，当中心化力量过于强大的时候，限制的声音就会涌现，而且现实中这类问题已经凸显，例如，一些公司随意调用用户数据、强制收集用户数据等问题。因此，区块链的去中心化特征不仅节约资源，而且更高效便捷。但是，去中心化区块链的运行一直存在事实上的中心化操作现象，区块链作为一种生态系统，其核心开发在市场竞争中完全可以让区块链逐渐脱离共识算法的支持，落入技术精英的控制之中，形成区块链的"再中心化"，并没有实现真正的去中心化。实际上已经脱离了真正意义上的区块链，成为区块链伪链，伪链利用交易双方信息不对称，实际上为中介提供了其发挥作用的空间，未来区块链伪链本身很可能就在扮演着中介角色，而区块链伪链背后的运营公司很可能成为新的中介平台。如果对区块链伪链不加以治理和监管，区块链"去中心化"很可能成为新技术下的新一轮"中心化"。

7.2.2.2 区块链伪链带给社会"原生错误"问题

区块链具有上链信息不可篡改的特征，解决了链上数据信任问题。但是，在区块链伪链中，对于上链前的数据，无法确保其可信。也就是说，上链前的数据就是错误的，即使区块链本身有再多的可信性技术特性，都没有实际意义，因为数据原本就是错误的，这也就是区块链伪链的"原生错误"问题，这个问题真正关系到区块链能否在现实社会中发挥其作用。对于这个问题，首先需要思考的是对于原生数据的界定，在互联网世界，很多数据就诞生在网络上，例如，淘宝上消费者对于某个商品的评价，以及我们每个人在网上留下的各种痕迹，这些数据收集起来就直接成为网络原生数据。相应地，还有另一类数据，这类数据可能是我们自行输入到网络上的，这类数据原本在客观世界就存在，我们收集整理后上传到互联网上，这类数据实际上并不是原生数据，因为它并不是网络世界直接产生的，而是经过收集整理后形成的。所以，在现实客观世界中，原生数据很难得到，或者说想获取数据往往都需要收集和整理，这个过程本身就在破坏数据的原生性，因此，今天真正意义上的原生数据往往都来自网络平台对于个体信息的监控和采集。界定好了原生数据，我们就知道，区块链要想广泛地服务于社会信用体系，突出它的不可篡改特性，就在于上链的数据最好是网络原生数据，否则，经过人工整理后再上链，这个过程很难保证不会被篡改。如果上传到区块链的所谓原始数据本身就被篡改了，那么区块链的优势就失去了根本意义。而区块链伪链的问题就在于"原生错误"问题得不到解决，也是今天围绕区块链的很多项目不能真正落地的一个非常重要的因素。而要想实现社会各领域原生数据的应用，需要全社会的数字化建设，实际上这也是区块链伪链反映的另一个问题，也是本书接下来要探讨的问题，就是社会数字化程度的提升。全社会数字化程度提升了，人们日常生活的方方面面都能够形成数字化的痕迹，这就构成了区块链应用落地所需要的原生数据。

7.2.2.3　区块链伪链反映了社会数字化程度不足的问题

真正的区块链应用的落地所需要的原生数据需要社会整体的数字化，而区块链伪链实际上无法获取真实可靠的原生数据。目前的问题是社会数字化程度远远达不到区块链所需的要求。例如，人们日常生活中经常购买的初级农产品，包括蔬菜水果等，消费者希望买到绿色无污染的，或者特别想买到某个产地的。这就涉及农产品的信息，实际上是一种溯源信息。现在很多围绕商品溯源技术的项目，来维护原产地品牌和消费者的利益，区块链伪链无法保证农产品上链信息的真实性。如果要获取初级农产品的原生数据，这意味着，需要对初级农产品打上数字标签，形成这个行业的原生数据。这里的数字标签的信息并不是简单人为地编制的产品信息，而是由各类传感器进行扫描检测形成的原生数据。例如，代谢检测、基因组检测以及表型识别。但是，对于大多数初级农产品而言，市场价格都很低，投入这么多技术设备，形成原生数据，成本过高，因此在现实市场中很难应用。而在我们社会很多领域都存在相似的问题，如何实现对人们生活中各类物品和行为的数字化的感知。一方面，是各类传感器的应用普及与互联互通，当前智能手机的普及为智能终端数据收集做好了设备平台铺垫，大量的个人数据被相关平台获取，但是在社会生活中这只是"冰山一角"，很多个人和企业活动的数据依然是不能被直接记录和感知形成原生数据的；另一方面，还涉及数据安全与个人隐私的问题，平台获取的数据，能不能用，哪些数据可以用，在什么范围用，数据产生者和数据收集者很多时候都不是同一个主体，两者的权利如何划分界定。所以，要想实现高水平的社会数字化，面临着经济效益和法律法规等层面的很多困难。数字化社会从技术角度讲是可以实现的，即使相关部门加紧出台相关法律法规，但从经济效益讲，在很多领域都还很难实现。

7.2.3　区块链伪链治理模式的探索

区块链伪链的存在阻碍了区块链技术真正作用和价值的发挥，给区块链的应用带来了新的问题。在解决问题的同时，更需要以新的视角和思维面对问题。区块链技术从诞生到发展，尤其是2015年以来，逐渐成为热点，从政府组织到企业实体，再到学术机构都给予了其极大的关注，被视为开启了"新信任时代"的一种颠覆性技术[156]。但是区块链伪链同样披着区块链的外衣，实际上达不到区块链本应具有的应用效果。虽然区块链技术的发展还需要进一步的完善，但是不能因为区块链还没有发展壮大，就给伪链留下生存蔓延的空间。因此，区块链伪链亟须有效的治理和相应的治理模式。只有去伪存真，加快推进社会经济发展和技术进步，才能更好地将新技术应用落地。因此，结合以上分析，本书认为区块链伪链的治理模式可突出如下要点。

7.2.3.1　多中心协同治理

区块链伪链带来的一个严重问题就是根本没有实现真正意义上的去中心化，带来的则是"再中心化"，而真正的区块链一个重要特征就是去中心化，对于去中心化的理解，已在前文分析过，去中心化不是去掉中心，而是中心多元化。对于区块链伪链的治理，可以从多中心这一重要特征切入。从理论上来讲，多中心协同治理能够有效克服伪链引发的"再中心化"的困境，并形成一种富有成效的治理模式。区块链的技术逻辑实际上与多中心协同治理的脉络之间有着极其紧密的联系。首先，区块链组织从某种角度可以看作是传统开源组织的衍生，开源的形式意味着开放，意味着不是单一中心。因此，多中心协同天然具有伪链治理的功能。其次，区块链分布式与一致性的共存本身也是多中心协同治理应具备的网络形态。最后，也是最关键的是，区块链伪链的治理需要从理论走向实践，需要多中心协同治理实现制度可操作化。在现实中，多中心协同治理的例子已经有很多。例如，对于失信人信息，电子商务平台淘宝、天猫等同法院通过共享信息就可以对失信人消费进行监管，网络平台与工商部门合作对电子商务网站进行监管等。虽然这些实践没有利用区块链技术，但却体现了多中心协同的思想。这种协作不仅仅是数据共享这么简单，每个主体都是同一份数据的执行者，主体之间一旦形成某种行为差异或者是不一致，就会造成针对行为对象的行为失效或者是不能达到应有的效果。因为很多行为实际上涉及的治理和监管者远不止一方，同一件事，多方都有责任，甚至都有监管权。我们常能在新闻中看到针对某某不法行为联合执法的行动，这就是一种多中心协同治理。而对于区块链伪链的治理，就是要把多中心协同制度化，而不是临时的联合行动。不同主体间高度共享一份动态数据是基础，协同行动相互配合，共同发挥治理和监管作用更加重要，这样才能形成多中心协同治理的格局。

7.2.3.2 强化"基层治理"提升"输入信任"

区块链技术对社会信用体系创新的重大影响在于实现了数据的可靠性，而这种可靠性的实现不仅需要区块链技术不可篡改的特性，更重要的是要实现上链数据的真实可靠。前文探讨的原生数据在现实社会中实现起来还是很有限的，实际生活中，存在大量的非原生数据，这些非原生数据真正面临着可靠性问题。只有确保上链输入数据真实可靠，实现"输入信任"，才能保证区块链上数据真实可靠，实现"输出信任"，人们才会信任区块链上的数据，而不是让这些非原生数据形成区块链伪链。因此，区块链技术下实现输入数据可靠性问题，必将成为今后一个时期区块链应用需要解决的重要课题。在目前的技术条件下，考虑到经济效益，需要降低成本，还很难实现对社会万物的实时数据采集，要解决非原生数据可靠性问题，依然离不开可操作化的具体的解决方案。也就是说，要有一个值得信赖的第三方机构负责监督和输入数据，也就是强化数据初始阶段的可靠性治理，实际上是要将监管落实到基层，强化"基层治理"。例如，一个人的身体健康信息，这个信息要想保证真实性，就不应该由个人将信息输入上链，而应由基层医疗机构负责信息输入，或者直接由相关设备检测后直接上链。例如，房屋所有权信息，房产证未来可以由上链的数字证书取代，但是这个证书一定是要由基层相关部门背书来保证其可靠性。所以说，输入信任能否实现，很大程度上还是要依赖基层信息审核职能部门。如果信息之间存在关联性，还可以利用这种关联实现相互验证。另外，对于数据上链，也不是必须让数据本身进入区块链，如果数据体量太大，也可仅将数字签名上链，相应地，数字签名对应的数据本身则存储在另外的数据库中。同时，提供信息的相关企业或政府部门必须对信息的真实性承担法律责任，在无法广泛地实现原生数据上链的条件下，就必须保证对非原生数据有足够严格的监管措施，否则数据真实性就无从谈起，也就为区块链伪链提供了生存空间，没有"输入信任"，就不会有"输出信任"。

7.2.3.3 重构基础设施提升社会数字化程度

生产力决定生产关系，区块链技术要想在社会信用体系创新中发挥作用，实际上高度依赖信息技术基础设施的支持。当前，国家层面已经提出大力推进新型基础设施建设，简称"新基建"。"新基建"在信息领域将会更新大量的基础设施，包括围绕通信网络层面基础设施、围绕新技术和算力的基础设施等，将会显著提升数据的全链条处理能力，进一步增强区块链的赋能水平。区块链技术在实际生活中的应用是以网络技术为基础的，整个社会的数字化程度越高，区块链技术的应用场景就越多，也会越复杂。伴随着区块链分布式节点数量的不断增加，各类应用对算力的需求也会不断提升。要想保证新技术融合到社会运作中，就要提供其能够运作的环境，而这个环境就需要重构基础设施，就如同铺设光纤网络、建设 5G 基站来满足更高水平的网络技术一样，区块链技术的落地也需要构建新的基础设施来满足应用需求。而这一轮新的基础设施构建将主要表现为提升全社会的数字化水平，包括 5G 技术、人工智能、物联网、云计算等，这些基础设施建设所搭建的技术环境是很多区块链项目落地所亟须的。在数字化社会建设过程中，具体需要重点解决一些问题：一是要打破传统的数据所有形式，要实现社会数据资源共享，而不是被部门独占，被集团独占；二是要大力推进各类业务的线上化，目前这方面人们在生活中已经体验都到很多，因为区块链技术归根结底是在虚拟空间里发挥作用的，因此，现实生活中的种种信息必须线上化数字化才能上链应用；二是要大力推进人工智能技术的应用，区块链的应用必然会带来巨量的社会信用信息的处理，这些信息完全依靠自然人处理是不现实的，必须借助人工智能技术支持下的数字员工。总之，只有大力发展新基建，充分利用新技术革命的成果提升社会数字化水平，才能让真正的区块链技术更好地嵌入到社会治理中发挥作用，让区块链伪链没有生存空间。

区块链技术将会实现互联网真正从信息传递工具向价值传递工具的转变[157]。通过一系列复杂的数学算法搭建可信的技术系统，来确保信息的公开透明、全程可追溯以及不可篡改。通过技术系统建立互信，利用数学算法创造信用并达成共识，将会使人们的生活方式发生重大变革。但是，在区块链技术落地应用还不是足够成熟的阶段，区块链伪链的蔓延值得警惕。尽管近年来全球范围掀起了围绕区块链的研究热潮，但是真正落地的区块链技术应用项目依然很有限。当下很多区块链伪链项目风风火火开场，冷冷清清退出，不考虑现实的应用环境，一些平台在面对新技术浪潮时，敞开怀抱固然是值得鼓励的，但更需要全面扎实的思维，不能盲目从众，给区块链伪链提供生存空间。新技术的发展不会脱离人类社会发展的规律，任何技术从诞生到普及都需要相应的社会环境，包括经济环境和技术环境。伴随着社会数字化程度的提升，相信将有更多的政策性和技术性的措施来确保真正的区块链技术发挥作用，形成对区块链伪链的有效治理模式。

区块链环境是一个逐渐形成并逐步深化的过程，而对这一崭新环境，最先预见、最先感知的正是企业界的精英们。他们将在市场的实践中最先践行企业经营理念和企业经营运作方式的新思维、新思想。这些新思维、新思想正是企业经营者在区块链环境下实现转变的标志。实际上，区块链环境并非只有企业和企业经营者身处其中，而是所有的社会组织、所有的人都身处其中，只是企业和优秀的企业经营者们最为敏感，最先看到了区块链环境，最先适应和着手利用区块链环境，并逐步形成了区块链思维。经营理念逐渐开始朝着适应区块链化的方向转变。形成了一系列以用户为中心、以最大限度地满足用户需求为宗旨、企业与用户双向互动引领创新、靠创新赢得用户、靠质量赢得用户、靠提升服务水平赢得用户等，带有鲜明时代特征的经营理念。在区块链的环境下，企业经营者更加注重自身的形象，更加注重个人品格的修养。例如，和蔼、文明、更富亲和力，爱戴人才惜才如金，有担当愿奉献，等等。企业经营者的形象不再仅仅属于企业经营者个人，而已成为企业形象的一个重要组成部分，并最终作为企业竞争力的一个重要组成要素，而作用于企业的生存发展。在区块链的环境下，企业经营者将更加注重学习。区块链时代的显著特征就是海量信息、知识大爆炸。因此企业经营者会更加注重学习，因为不学习就无法跟上社会的发展与进步，不学习就无法应对瞬息万变的企业竞争环境。注重学习、终身学习，正是信息时代的特征。因此，将全社会区块链技术人才培养与管理工作及时纳入各级政府工作，开展区块链人才工作的总体规划非常重要[157]。在区块链环境下，区块链技术应用于社会公益，可以通过高度透明性提高慈善机构的公信力，并能利用智能合约，使得公益行为完全遵从预先设定的条件，更加客观、透明、可信，杜绝过程中的造假行为。企业经营者将更加热心于公益事业，这是企业经营者品格修养提升的必然结果，而技术的进步为其提供了技术支持和保障。一个品格高尚的企业经营者，他一定富有爱心，并把对他人的爱，对社会公众的爱，体现到对社会公益事业的热心上，对扶危济困的倾情上，对国家和社会的无私奉献上。

未来区块链技术的兴起与普及，就像我们生活空间里的空气一样，将会进入我们生活的方方面面。这一崭新环境，使得传统企业旧有的经营理念、组织格局、运作方式等，已无法与区块链环境相适应，企业经营要素的变革正是在这样的背景下逐步产生的，它是指导企业实现由旧形态向区块链下新形态转变的钥匙。企业在区块链环境下的转变是企业的升级换代，是向现代企业的跃升，是生产力的又一次大解放，是社会的又一次全面进步。对区块链环境、区块链思维的认识，就像人类对所有自然规律的认识一样，我们认识它，是为了适应它，并有效地利用它去改造自然、改造社会，以使我们的社会生活变得更美好。

7.3　对于发展绿色循环农业的思考

7.3.1　发展绿色循环农业的紧迫性

人类进入 20 世纪 60 年代，农业的发展逐步形成了"现代机械＋化肥、农药（除草剂）"的生产模式。直至 70 年代，人们开始注意到，这种农业模式，是一种不可持续的模式。没有健康的土壤，就不可能有可持续的农产品质量安全；没有安全的农产品就不可能有优质、高效的生态循环农业经济[158]。化肥、农药（除草剂）的大量使用，导致土壤有机质的流失、板结，并使自然环境与农副产品受到污染。化肥、农药在农产品中的残留已经危及人类的健康，乃至生存与发展。从根本上扭转农业污染现状刻不容缓，因此发展种养一体、良性循环绿色农业，具有明显的紧迫性。我国对农业污染问题的严重性早有认识，并且早就提出了发展绿色农业与绿色环保可持续现代农业的概念，出台了相关规定，大力倡导推动发展绿色环保可持续的现代农业[159]。但从概念到实践，从理论到实际推行，需要找到真正具体可行的路径和实现模式。我们认为，大力发展家庭养殖业，并形成与土地规模经营相匹配的养殖规模，进而形成种养一体、良性循环的绿色农业，是治理农业污染的最佳路径和模式。

东北地区现在的农业生产模式，正是饱受诟病的"现代机械＋化肥、农药"的生产模式。化肥、农药大量使用的危害，专家学者早有论述，但我们的农业就像一个毒品吸食者那样，明知毒品有害，却难以自拔，甚至已是习以为常了，然而化肥、农药的危害要远甚于毒品。

7.3.1.1 化肥、农药的危害

化肥、农药的大量使用，在破坏毒化土壤的同时，使农作物、粮食受到污染。化肥、农药在粮食中的残留，会像慢性毒药一样危及人类的健康乃至生存发展。化肥、农药的大量使用，使人类赖以生存的自然环境受到了日趋严重的污染，土壤、江河、湖泊、地下水源、草地植被，无一幸免。这种污染的危害，会随着时间的推移不断累加，其后果是极为可怕的。人类同样是生物，只不过体型较大，对有害物质的耐受力要大一些，但随着化肥、农药年复一年不断累加地向环境中的泼洒、投放，其后果会是什么呢？

7.3.1.2 化肥、农药的使用仍未减少

随着人们对化肥、农药危害的认识，以及国家对发展绿色农业的积极推动，在一些地区化肥、农药的使用量并没有向着逐年减少的方向发展，而是相反，其中的原因有两个方面：一是农民自身对粮食产量的追求，助推着化肥、农药使用量的持续增加。伴随着农民向城镇的大量转移，一些地区的土地经营已逐步实现了规模化，这使得农民的收入有了显著增加，对农业生产的投入能力也显著增强，为了提高粮食产量，他们不断加大对化肥、农药的投入。二是化肥、农药的生产者和经销商，对利润的无限追求，助推着化肥、农药使用量的不断增加。

7.3.1.3 治理农业污染发展种养一体的绿色农业，需要全社会的强力推动

化肥、农药是农业污染的两个主要方面，治理农药污染，只要依法对毒性强、难分解、残留重的农药（除草剂）禁产禁用，并在除草灭病上积极开

发应用绿色环保的新老技术，农药的污染就能够得到大幅度的缓解[160]。治理化肥的污染，只能用有机肥取代或大部分取代化肥的使用，而有机肥不可替代的最大来源就是以畜禽粪便为主的农家肥[161]。因此，大力发展家庭养殖业，形成种养一体、良性循环的绿色农业，是治理农业污染的最佳路径和模式。种养一体原本就是农业的完整内涵和本质，农业本身就包含着种植业和养殖业，二者如同一个钱币的两面，看似不同实则一体。种植业与养殖业作为构成农业这个整体的两个基本要素是不可分割的，过去是，现在是，将来也同样是。在农区，因为有了种植业及其产出的秸秆和粮食，畜禽才能有食物，进而才能够生存发展，才能够有养殖业。有了养殖业，才会有大量的有机肥（畜禽粪便），用来补充土壤中的有机质[162]。如果没有有机肥的补充，土壤中原本就十分贫瘠的有机质，就会被耗尽，种植业也就无法存在了。时至今日，有机肥不可替代的最大来源仍然是畜禽粪便等农家肥。农业内的种植与养殖不仅从生物学的意义上是不可分的，因为二者互为"粮食"。而且从经济学意义上，二者同样是不可分的。一个农民如果单纯地从事种植业，几乎是很难富裕起来的，甚至是难以为继的。要想使农民真正富裕起来，只有走种植、养殖兼营，种养一体的发展绿色农业之路。例如，一垧耕地，种植粮食作物，每年可收入 2000～3000 元，而利用这一垧耕地产出的作物秸秆养殖肉牛，至少可养殖两头，其年收入可高达 6000～15000 元。因此，无论是要治理农业污染，还是要发展农业富裕农民，都呼唤着我们，发展绿色农业一定要走出一条种养一体、良性循环的道路来。要实现由"现代机械 + 化肥、农药"的农业，向种养一体绿色农业的转变，需要全社会的强力推动。充分发挥政策的导向作用、法律的规范作用、市场的保障作用、相关部门的服务组织作用，综合施策，方能实现。

7.3.2 发展绿色循环农业的可行性

我们认为，种养一体、良性循环的农业模式，是现阶段治理农业污染的根本模式，它既是可行的，更是有效的。

7.3.2.1 传统农业绵长的历史，诠释了种养一体、良性循环绿色农业模式的可行性

或许有人质疑，种养一体、良性循环的农业，作为传统农业的模式，是不是已经过时了？已经不符合新时期绿色环保可持续现代农业的要求了？传统农业是绵延了数千年的农业，它的确有许多东西都已经过时了，在今天已经不可能复制，也没有必要复制。事实上，传统农业在绵长的历史上，从来都不是静止不变的，而是不断发展变化的。但变化的是从事种植与养殖业生产的技术手段和经营方式，而不变的是种养一体的生态模式和相互依存、相互促进的关系。种养一体的这种关系，自形成以来从没有改变过。而会变、要变的也只会是种养植（殖）业的规模、生产的手段、技术的措施、管理的方式等等。或许还会有人发问，改革开放中期以来，直至现在家庭养殖业的停滞下滑，大量的农民家庭几乎完全放弃了养殖业，这将作何解释呢？是的，大量的农户在外出务工兴起后，的确放弃了养殖业，并使得许多人认为这便是农业应有的常态。实则相反，这并不是农业的常态，它只是人类历史的一个短暂阶段，国家工业化、城市化的过渡阶段所呈现的特有形态，是由于工业化、城市化浪潮的冲击，给农业链条造成的断裂而已。也正是在这一时期，化肥的使用由之前的化肥与农家肥共用，到化肥完全取代了农家肥，且用量逐年增加。但这一时期的断裂，会随着规模农业的形成及其经营者的回归，必将得到逐步修复，进而恢复种养一体相互依存良性循环的常态。

7.3.2.2 规模化的种植业为养殖业的规模发展提供了充分的条件，诠释了种养一体、良性循环绿色农业模式的可行性

国家工业化、城市化的历史浪潮，对农业的冲击是巨大的，它不仅引起了农村人口的大迁徙、大分化，也导致了农业形态前所未有的变化。它宣告了小农业时代的终结和大农业、规模农业时代的来临与新纪元的开始。那么规模化的农业、大农业还会是种养一体的农业吗？一定是的，规模化的种植业为家庭养殖业的生存发展提供了较之小农业更加优厚、更加充分的条件。

一是种植业的规模化使得作物秸秆出现了大量的剩余，为养殖业的较大发展、规模发展提供了充沛的饲草饲料资源。在改革开放的初期及之前，由于广大农村人多地少，每户农民人均仅有 6~7 亩耕地，产出的粮食不多，而产出的作物秸秆也十分有限，且作为家庭能源尚且不足。那时的家庭养殖业，虽然发展得很好，家家都是五畜俱全，但受限于饲草饲料资源的短缺，很难实现规模发展和较大的发展。而今天已经不同了，由于种植业的规模经营，不仅产出的粮多，而产出的作物秸秆也出现了大量的剩余，这就为家庭养殖业，特别是秸秆养殖业的较大发展、规模发展，提供了充分的饲草饲料条件[163]。

二是种植业的规模化使得农民的家庭收入显著增加，为家庭养殖业的较大发展、规模发展奠定了坚实的资金基础。改革开放之前及其初始阶段，由于广大农民经营的土地规模较小，加之物价较低，家庭人均年收入，仅有几百元或数千元而已。这使得不仅可用作饲料的资源少之又少，且可供支撑养殖业发展的资金也远远不足。改革开放的中后期，直到目前，由于土地经营逐步实现了规模化，农民的家庭收入已经提升到几万元乃至十数万元。农民家庭收入的大幅度增加，为家庭养殖业的较大发展、规模发展奠定了坚实的资金基础[164]。

三是种植业的规模化使得农民的思想意识发生了深刻的变化，为家庭养殖业的较大发展、规模发展，奠定了充分的思想基础。传统的农民有着很强的小农意识，而当代的农民由于受进城务工的锻炼，大大开阔了眼界，他们的小农意识已经为大农业的观念所取代，他们全新的经营理念和锐意进取的精神，为家庭养殖业的较大发展、规模发展奠定了重要的思想基础[165]。当今的东北地区，在实现了土地规模经营的形态下，有大量的饲草饲料、坚实的资金基础和锐意进取、思想观念全新的农民队伍。家庭养殖业的较大发展、规模发展是一定的，种养一体、良性循环绿色农业的形成同样是一定的。由此我们坚定地认为，未来十年，一定是家庭养殖业特别是秸秆养殖业较大发展、规模发展的十年，一定是种养一体、良性循环的绿色农业逐步形成的十年。

7.3.2.3　当代农民敢于弃农从工不惧任何困难挑战的精神，诠释了种养一体、良性循环绿色农业模式的可行性

种养一体、良性循环农业链条的断裂，虽仅几十年，每当提及发展秸秆养殖业，发展种养一体的农业，一些人就会摇头，其实他们内心并不否认种养一体的农业经营，有利于提高农业的经济效益，有利于农民的增收。但他们固执地认为，每一个农民家庭既种地又养畜，那是前辈农民的事了，而当代的农民远没有他们的父辈勤劳，因此让他们既种地又养畜，是根本不可能的事。这样的判断完全是基于表象，是根本错误的。试想，当代青年农民，为了创收增收，创造更加美好的生活，无论什么样的困难他们都不怕，无论什么样的苦和累他们都能承受。难道居家团圆守家在地，在经营种植业的同时兼营起养殖业，其增加的劳动量，真是农民所不能承受的吗？显然不是，且不说种植业与养殖业都在朝着更全面的机械化乃至自动化发展，仅就当前种养一体的经营管理而论，只要合理安排，二者加起来的劳动量，也不会比外出务工更辛劳。现实中的农民大都是经营单一的种植业，而没有种植业与养殖业一起经营，这是在农民务工潮的冲击与农业转型的过程中，所呈现出的阶段性的现象。试想，从经营小农业到经营大农业、规模农业，这对于任何一个农民家庭，都是一个巨大的变化和考验。他们需要在实践中逐步地去熟悉、摸索、学习和掌握大农业的经营，而由单一的种植业经营，向种养一体、种植业与养殖业兼营的转变，同样需要时间和一个渐进的过程。所以我们完全有信心，东北地区的农业已经实现了种植业的规模化，而规模化的种植业一定会带来养殖业的规模化，进而构建起种养一体、良性循环的绿色农业。特别是能够有全社会的重视和强力推动，向绿色农业转化的可行性，就一定能够变为现实。

7.3.3　发展绿色循环农业的客观性

由于农村外出务工业的兴起，大多数农民家庭大都放弃了养殖业，直到

目前，家庭养殖业特别是秸秆养殖业仍处在低谷，那么家庭养殖业还能够实现较大的发展吗？答案是肯定的。

7.3.3.1 广大农民对美好生活追求的无限性，决定了家庭养殖业较大发展规模发展的必然性

改革开放的中后期，随着国家工业化、城市化的进程，大量的农民家庭向城镇迁移，乡村的土地经营逐步实现了规模化，农民的种植业收入也得到了显著提高，因此从事土地规模经营家庭的农民逐渐回流，不再外出务工[166]。然而种植业的经营，仍然是靠天吃饭，即使是规模经营也是丰歉难测的。此外，由于种植业的高度机械化，经营规模种植业的农民，几乎有80%的时间无事可做，因此所有的农民家庭，在经营规模种植业的同时，都在努力寻求新的创收增收途径。然而在农村能够创收增收的途径十分有限，服务业已全部被附近的集镇所覆盖，即使有可从事的服务业，也仅限于个别农户，如小卖店、出租车、农用机械代种代收等；加工业与附近城镇的大工业竞争毫无优势，无法生存发展。只有家庭养殖业，不仅适合所有的农民家庭，既有发展优势，又有丰厚的效益。所以经营规模种植业的农民，为了创收、增收，创造更加美好的生活，一定会发展家庭养殖业。并且一定是规模发展、较大的发展，这将是必然的。时间或迟或早，道路或坎坷不平或迂回辗转，但这条发展家庭养殖业致富增收之路，一定会属于每一个农民家庭。

7.3.3.2 广大农民对种植业规模经营从粗放到精细与集约化的不可逆性，决定了家庭养殖业较大发展规模发展的必然性

土地规模经营的形成，是在改革开放的中后期逐步形成的。可以说形成的时间总体上还比较短，经营的水平仍然较低，整体上尚处在粗放经营阶段。但随着时间的推移，经验的积累和不断的学习，经营的水平会不断的提高。初始阶段的粗放经营就会逐渐地向精细化经营、集约化经营发展，这个过程不仅是必然的，而且是不可逆的[167]。经营只会越经营越熟练，越经营越精细，而不会相反。实现了这样一个由粗放到精细的转变之后，经营者就会力

求用最小的投入实现最大的效益。对种植业经营效益最大化的追求，就会千方百计地使农业的所有产出都实现价值的最大化。如何使农作物秸秆实现价值的最大化，唯一的途径就是发展秸秆养殖业，由于土地的规模经营，产出的秸秆数量极为庞大，因此秸秆养殖业的发展一定会是较大的发展、规模的发展。

7.3.3.3 事物发展规律的普遍性与客观性，决定了家庭养殖业较大发展规模发展的必然性

任何事物发展变化的规律，都是蕴藏在事物发展变化的过程之中的。我们在对改革开放前后40年家庭养殖业发展变化的考察中，发现了农民家庭的收入模式的悄然变化。改革开放之初与之前的农民家庭收入模式，普遍是"种植业收入＋养殖业收入"。这一时期由于人多地少，每个农民家庭的种植业收入仅有几百元或数千元，而家庭养殖业的规模虽小，但在家庭收入中，却占有重要位置。随着外出务工业逐渐兴起，早期的外出务工，一个农民可收入两三万元，后期可收入四五万元。由于务工的可观收入，大多数外出务工的农民，都选择放弃了家庭养殖业。这一时期，即使有养殖家禽的，也已不再把它们计入家庭的收入了。这时的农民家庭收入模式，大部分转变为"种植业收入＋外出务工收入"。这时的农民家庭，基本是丈夫外出务工，妻子在家种地，或者子女外出务工，父母在家种地。但随着时间的延续，农民务工的方式，开始向举家外迁转变。这些越来越多的举家迁移到城镇的农民，基本都选择了将自家承包地的使用权流转给其他的农民。这种土地使用权在农民间的流转，引发了农民群体的新的分化。那些在土地流转中获得较多土地的农民，逐渐形成了土地的规模经营，这部分农民逐渐放弃外出务工形成回流，他们重新回到自己的家乡，专心搞起了种植业。由农民家庭向城镇的流动，带来的农村的变化与规模种植业的形成，并没有到此为止。随着种植业规模经营的持续，单纯的种植业经营，正向着种养一体的经营转变。从事规模种植业经营的农民，逐渐开始利用规模种植业产出的大量作物秸秆，发展秸秆养殖业，而且是规模发展。这一新的演变虽然是刚刚开始，但它一定

是趋势性的、必然性的。伴随着这一新的演变，农民的家庭收入模式将进一步演变为"规模种植业的收入 + 规模养殖业的收入"。种植业的规模化，一定会催生带来养殖业的规模化，其实如同国家的工业化与城市化，一定会催生带来种植业的规模化一样，它是客观性的、必然性的。农民的收入模式，在这 40 年的演变中，从"种植业收入 + 养殖业收入"，到"种植业收入 + 外出务工收入"，再到"规模种植业收入 + 规模养殖业收入"，这正是养殖业发展，从否定再到否定之否定这样一个螺旋式上升发展的过程。

发展绿色农业的过程，也是治理农业污染的过程。以化肥、农药大量使用为特征的农业，污染环境、毒化土壤、危害人类健康，已经半个多世纪了。这种农业模式每延续一年，我们的生存发展环境就会恶化一年，人们对食品安全的担忧、焦虑、困扰就增加一年。国家对发展绿色农业已经做了大量的工作和努力，现在已经到了需要动员全社会力量、全力发展绿色农业的时候了。加速绿色农业发展，就一定要动员广大农民大力发展家庭养殖业，特别是秸秆养殖业。只有家庭养殖业较大地发展了、规模地发展了，形成了与规模种植业相匹配的规模养殖业，进而构建起种植业产出的大量秸秆养畜，养殖业产生的大量有机肥养地，这样一种不再使用化肥或少量使用无害化肥的种养一体、良性循环的农业模式，绿色农业就能够一步一个脚印地发展起来。治理农业污染发展绿色农业，仅仅寄希望于效益吸引，靠群众的自发或个别企业的介入，打造绿色品牌来发展绿色农业，只能收到"点"或"线"的效果，无法解决农业整体的问题。以化肥、农药的大量使用为特征的种植业，已经沿袭了几十年，已成积习。要想彻底扭转种植业污染的现状，实现绿色农业，就必须强化国家治理，加强集中统一的组织领导，依法治污，发挥好政策的导向与推动作用，靠全社会与亿万农民群众的集体力量，从基础入手，实施整体推进，方能扭转积习，止污、治污，使得绿色环保可持续的现代农业真正得以推行并全面健康地发展起来。

7.4　本章小结

本章分析讨论了伴随着区块链技术的进一步发展，实体经济实现与区块链技术融合的特征、趋势以及历史意义。深入探讨了在区块链与实体经济深度融合的背景下，企业经营理念将要发生以及正在发生的变革。本章从四个角度进行了探讨，包括区块链环境下对企业产品、服务质量的要求，区块链环境下对企业公众形象的要求，区块链环境下对企业创新的要求以及区块链环境下对企业经营者的要求。

当前区块链技术在社会各领域的应用还处于初级发展阶段，对区块链技术应用的认知以及监管治理还需要提升和完善，在这一过程中，区块链伪链的出现需要警惕。区块链伪链没有带来真正的"去中心化"，而是导致"再中心化"；区块链伪链无法确保上链的非原生数据真实可靠，导致"原生错误"，无法实现"输入信任"。因此，亟须加强对区块链伪链的有效治理。通过多中心协同治理，加强"基层治理"，同时通过提升社会数字化程度，逐步形成对区块链伪链的治理模式，使区块链伪链没有生存空间，使真正的区块链技术更好地在推动社会进步中发挥积极作用。

另外，笔者对发展绿色循环农业进行了一些思考。大力发展家庭养殖业，特别是秸秆养殖业，是实现绿色农业的基础和基本路径。通过发展家庭养殖业，构建起种养一体、规模匹配、良性循环的农业模式，是发展绿色农业的最佳模式。它不仅具有可行性，而且具有客观的必然性。以化肥、农药（除草剂）大量使用为特征的农业，已积习久远，要实现有效治理，重构绿色农业生产模式，就一定要充分依靠农民群众，强化组织领导，依法治污，有效发挥政策的导向与推动作用。立足于从基础入手，实施整体推进，才能确保绿色农业的快速发展和尽快实现。

第 8 章

结 论

本书通过对原产地效应和农产品品牌的相关文献的回顾与梳理，结合数字经济下互联网的普及与新技术的快速发展对农产品市场的影响这一研究背景，提出"原产地形象对农产品品牌化的影响"这一研究主题。探讨了互联网环境下的消费者互动对品牌原产地形象的影响；构建了围绕本地意识、本地品牌偏好与购买行为关系的假设模型并进行了检验；构建了围绕生鲜O2O线下质量预期的影响、生鲜O2O线下配送效率预期的影响，以及接受度变量的中介作用的假设模型并进行了检验；围绕农产品原产地形象对属性信念的影响、产品属性信念对品牌态度的影响，以及消费者品牌态度对农产品品牌化的影响构建了假设模型，并通过实证方法对模型进行了检验；围绕数字环境的影响，探讨了农业企业发展思维的改变以及对于新技术的应用探索。本书主要结论归纳如下：

第一，采用网络在线调查平台，应用相关分析和回归分析验证变量间的关系假设，研究表明：对原产地形象形成起重要作用的原产地认知影响变弱；对原产地形象形成起反作用的产品认知影响变强；消费者对原产地刻板印象的形成变得更加困难。

第二，对于农产品本地品牌在知名度、质量和性价比方面的品牌特性评价越高，消费者就越偏爱本地农产品；消费者越偏爱本地农产品，消费者就越倾向于购买本地农产品；但是，本地意识对消费者购买本地品牌农产品的影响不明显。

第三，原产地形象的象征性价值对农产品电商品牌的情感性价值有显著的正向影响；原产地形象的体验性价值对农产品电商品牌的结果性价值有显著的正向影响；农产品电商品牌的结果性价值对品牌购买意愿有显著的正向影响；农产品电商品牌的情感性价值对情感性品牌态度有显著的正向影响；情感性品牌态度和品牌购买意愿对农产品电商品牌在消费者心目中的形成具有显著的正向影响。

第四，互联网思维是近年来企业管理和营销领域的热点，但对于互联网思维的理解依然有很多误区。互联网思维不可能为解决所有问题提供答案，但也不是空有概念的虚高境界。本书从企业价值结构的角度，通过对互联网思维的阐释，认为充分落实以用户为中心是理解和运用互联网思维的关键。通过对从价值塔到价值环的阐释，强调所有层级，从战略层到业务层再到组织层都要以用户为中心，才能真正让互联网思维发挥积极作用。

第五，平台在今天的商业活动中扮演着越来越重要的角色，即使企业没有建设他们的平台，它们也需要应对各种商业平台带来的机遇和挑战。平台作为一种商业现象和模式，正受到越来越多的关注。当前我们耳熟能详的大公司都正在成功地利用平台推进业务。平台模式被认为是近十年来最重要的商业模式创新之一，吸引了众多国内外学者的关注，包括对平台的角色的深入研究，以及其对企业、行业、价值体系和经济的影响。本书探讨了平台和商业模式创新的概念，以解释平台如何为企业的商业模式创新作出贡献。从平台及其特征、商业模式及其概念、平台商业模式等方面，分析了平台从作为技术服务到作为管理模式的转变，并从以下几个方面进一步分析平台商业模式：什么样的新用户加入了平台，平台如何为企业创造价值，以及平台在财务方面对企业的影响。最后对企业发展平台商业模式失败的原因进行了分析。

第六，随着互联网不断深入社会经济和大众生活，人们发现互联网已经成为我们活动的基础，互联网发展为"互联网＋"。而伴随着人工智能技术的发展和应用的拓展，人工智能也必将深入大众生活的各个领域，发展成为

"人工智能+"。大量在市场上被广为采用的活动证明，人工智能技术在经济模式创新和平台创建中发挥了重要作用，并引领着人们对基于新技术的新经济模式的探索。但是人工智能在经济模式创新中依然扮演着要素角色，而不是基础角色。目前成熟的人工智能技术偏向于基础应用，呈现工具化、零件化的形态。而要充分发挥人工智能的潜能，应以人工智能为基础，让传统模式去适应人工智能，让各类经济要素在人工智能这个平台上找到最佳位置，而不是让人工智能在传统平台上找位置。这时，经济模式的创新就从"+人工智能"讲入到"人工智能+"。这不仅是一种经济创新模式的转换，也是思维方式的变革。

第七，当前区块链技术在社会各领域的应用还处于初级发展阶段，对区块链技术应用的认知以及监管治理还需要提升和完善，在这一过程中，区块链伪链的出现需要警惕。区块链伪链没有带来真正的"去中心化"，而是导致"再中心化"；区块链伪链无法确保上链的非原生数据真实可靠，导致"原生错误"，无法实现"输入信任"。因此，亟须加强对区块链伪链的有效治理。通过多中心协同治理，加强"基层治理"，同时通过提升社会数字化程度，逐步形成对区块链伪链的治理模式，使区块链伪链没有生存空间，使真正的区块链技术更好地在推动社会进步中发挥积极作用。

第八，大力发展家庭养殖业，特别是秸秆养殖业，是实现绿色农业的基础和基本路径。通过发展家庭养殖业，构建种养一体、规模匹配、良性循环的农业模式，是发展绿色农业的最佳模式。它不仅具有可行性，而且具有客观的必然性。以化肥、农药、除草剂大量使用为特征的农业，已积习久远，要实现有效治理，重构绿色农业生产模式，就一定要充分依靠农民群众，强化组织领导，依法治污，有效发挥政策的导向与推动作用。立足于从基础入手，实施整体推进，才能确保绿色农业的快速发展和尽快实现。

参考文献

［1］Alba J W, Hutchinson J W. Dimensions of Consumer Expertise ［J］. Journal of Consumer Research, 1987, 13 (11): 411 – 454.

［2］Aurier P D, Ngobo P V. Assessment of Consumer Knowledge and Its Consequences, a Multi-Component Approach ［J］. Advances in Consumer Research, 1999, 26 (12): 569 – 575.

［3］王晓辉, 任敏, 张永. 基于认知心理学视角的消费者知识联想网络的构建 ［J］. 现代管理科学, 2010 (7): 54 – 56.

［4］Moorman C, Diehl K, Brinberg D, Kidwell B. Subjective Knowledge, Search Location, and Consumer Choice ［J］. Consumer Resource, 2004, 31 (10): 673 – 680.

［5］时蓉华. 社会心理学 ［M］. 上海: 上海人民出版社, 2002: 66 – 68.

［6］戚海峰. 中国人从众消费行为探究: 基于控制的视角 ［J］. 经济与管理研究, 2011 (1): 24 – 32.

［7］Roth M, Romeo J B. Matching Product Category and Country Image Perceptions: A Frame Work for Managing Country-of-Origin Effects ［J］. Journal of International Business Studies, 1992, 23 (3): 477 – 497.

［8］Schooler R D. Product Bias in Central American Common Market ［J］. Journal of Marketing Research, 1965, 26 (2): 394 – 397.

［9］Raors P D, Chandy R K, Parabhu J C. The Fruits of Legitimacy: Why

Some New Ventures Gain More from Innovation than Others [J]. Journal of Marketing, 2008, 72 (4): 58 –75.

[10] Verlegh P W. Home Country Bias in Product Evaluation: The Complementary Roles of Economic and Socio-Psychological Motives [J]. Journal of International Business Studies, 2007, 38 (4): 361 –373.

[11] Pappur R B, Quester P G, Cooksey R W. Country Image and Consumer-Based Brand Equity: Relationship and Implications for International Marketing [J]. Journal of International Business Studies, 2007, 38 (5): 726 –745.

[12] Dingwert K. The Democratic Legitimacy of Public-Private Rule Making: What Can We Learn from the World Commission on Dams? [J]. Global Governance, 2005, 11 (1): 65 –76.

[13] 潘煜, 朱凌, 刘丹. 低介入度产品迷惑式品牌名称的原产地认知研究 [J]. 管理学报, 2012 (1): 97 –107.

[14] 周志民, 贺和平, 刘雁妮. 中国人国货意识的形成机理: 基于国家品牌社群视角 [J]. 中国软科学, 2010 (5): 45 –56.

[15] Alba J W, Hutchinson J W. Knowledge Calibration: What Consumers Know and What They Think They Know [J]. Journal of Consumers Research, 2000, 27 (9): 123 –156.

[16] 封莉莉. 从众心理与消费行为关系 [J]. 中外企业家, 2013 (7): 214.

[17] 陈文涛, 桑青松. 大学生消费从众心理差异性调查研究 [J]. 心理研究, 2009 (11): 86 –89.

[18] 黄合水. 产品评价的来源国效应 [J]. 心理科学进展, 2003, 11 (6): 692 –699.

[19] Batra R, Ramaswamy V, Alden D L, et al. Effects of Brand Local and Nonlocal Origin on Consumer Attitudes in Developing Countries [J]. Journal of Consumer Psychology, 2000, 9 (2): 83 –95.

[20] 周冬雨, 李庆华. 浅谈大学生小群体对于大学生从众行为的影响

[J]. 经济研究导刊, 2011 (7): 306 – 307.

[21] 周玲, 汪涛, 牟宇鹏, 等. 基于合理性理论视角的来源国效应研究 [J]. 商业经济与管理, 2012 (4): 39 – 46.

[22] Chu P Y, Cheng C C, Chen C Y, et al. Countering Negative Country-of-origin Effects: The Role of Evaluation Mode [J]. European Journal of Marketing, 2010, 44 (7): 1055 – 1076.

[23] 汪涛, 张琴, 张辉, 等. 如何削弱产品来源国效应 [J]. 心理学报, 2010, 44 (6): 841 – 852.

[24] 赵丹, 黄星艳. 社会赞许性的研究现状及展望 [J]. 经济研究导刊, 2011 (11): 201 – 203.

[25] Jaffe E D, Nebenzahl I D. National Image and Competitive Advantage, the Theory and Practice of Country-of-Origin Effect [M]. Copenhagen Business School Press/Handelsh & Jskolens Forlag: Copenhagen Business Press/Books International Distributor, North America, 2001: 101 – 107.

[26] Kleppe I A, Iversen N M, Stensaker I G. Country Images in Marketing Strategies: Conceptual Issues and An Empirical Asian Illustration [J]. Journal of Brand Management, 2002, 10 (1): 61 – 74.

[27] Han M C. Testing the Role of Country Image in Consumer Choice Behaviour [J]. European Journal of Marketing, 1990, 24 (6): 24 – 40.

[28] Kim C, Chung K. Brand Popularity and Country Image in Global Competition: Managerial Implication [J]. Journal of Product & Brand Management, 1995, 4 (5): 21 – 33.

[29] Agarwal A, Sanjeev C, Sameer S. Country Image: Consumer Evaluation of Product Category Extension [J]. International Marketing Review, 1996, 13 (4): 23 – 39.

[30] Parameswaran W, Ravi D, Pisharodi R M. Assimilation Effects in Country Image Research [J]. International Marketing Review, 2002, 19 (3): 259 – 278.

［31］ Novak T P, Hoffman D L, Yung Y F. Measuring the Customer Experience in Online Environments: A Structural Modeling Approach ［J］. Marketing Science, 2000, 19 (1): 22 -42.

［32］ Ha H Y. Factors Influencing Consumer Perceptions of Brand Trust Online ［J］. Journal of Product & Brand Management, 2004, 13 (5): 329 -342.

［33］ 唐嘉庚. 互动性对 B2C 环境下信任及购买行为倾向影响研究 ［D］. 上海: 复旦大学, 2006: 21 -24.

［34］ Hirschman E C. Consumer Intelligence, Creativity, and Consciousness: Implications for Consumer Protection and Education ［J］. Journal of Public Policy and Marketing, 1983, 2 (1): 153 -170.

［35］ 徐岚. 顾客为什么参与创造?: 消费者参与创造的动机研究 ［J］. 心理学报, 2007, 39 (2): 343 -354.

［36］ Nemiro J E. The Creative Process in Virtual Teams ［J］. Creativity Research Journal, 2002, 14 (1): 69 -83.

［37］ Cabrera A, Cabrera E F. Knowledge-Sharing Dilemmas ［J］. Organization Studies, 2002, 23 (5): 687 -710.

［38］ Hendriks P. Why Share Knowledge? The Influence of ICT on Motivation for Knowledge Sharing ［J］. Knowledge and Process Management, 1999, 6 (2): 91 -100.

［39］ Andrews K M, Delahaye B L. Influences of Knowledge Process in Organizational Learning: The Psychosocial Filter ［J］. Journal of Management Studies, 2000, 37 (6): 797 -810.

［40］ Szulanski G. Exploring Internal Stickiness: Impedimentsto the Transfer of Best Practice with the Firm ［J］. Strategic Management Journal, 1996, 17: 27 -43.

［41］ Riege A. Three-Dozen Knowledge-Sharing Barriers Managers must Consider ［J］. Journal of Knowledge Management, 2005, 9 (3): 18 -35.

［42］ Hargadon A B, Bechky B A. When Collections of Creatives become Creative Collectives: A Field Study of Problem-Solving at Work ［J］. Organization

Science, 2006, 17 (4): 484 – 500.

[43] Sawhney M, Prandelli E. Communities of Creation: Managing Distributed Innovation in Turbulent Markets [J]. California Management Review, 2000, 42 (4): 24 – 55.

[44] Hemetsberger A, Reinhardt C. Learning and Knowledge-Building in Open-Source Communities: A Social-Experiential Approach [J]. Management Learning, 2006, 37 (2): 187 – 214.

[45] 宋官东. 对从众行为的再认识 [J]. 心理科学, 2002, 25 (2): 202 – 204.

[46] 李颖. 青少年从众心理的社会学分析 [J]. 教育评论, 2004 (1): 29 – 32.

[47] 马朱坤, 马宏伟. 基于 AHP 的大学生从众行为影响因素研究 [J]. 中国制造业信息化, 2010 (5): 81 – 84.

[48] 庄贵军, 周南, 周连喜. 国货意识、品牌特性与消费者品牌认知与本土品牌偏好: 一个跨行业产品的实证检验 [J]. 管理世界, 2006 (7): 85 – 94.

[49] Cleveland M, Laroche M, Papadopoulos N. Cosmopolitanism, Consumer Ethnocentrism, and Materialism: An Eight-Country Study of Antecedents and Outcomes [J]. Journal of International Marketing, 2009, 17 (1): 116 – 146.

[50] 庄贵军, 周南, 周连喜. 品牌原产地困惑对于消费者喜爱与购买本土品牌和境外品牌的影响 [J]. 财贸经济, 2007 (2): 98 – 104.

[51] 庄贵军, 董维维. 品牌原产地困惑和购买经历对品牌形象的影响 [J]. 预测, 2011, 30 (4): 8 – 13.

[52] 王莉, 任浩. 虚拟创新社区中消费者互动和群体创造力 [J]. 科学学研究, 2013, 31 (5): 703 – 710.

[53] 王海忠. 消费者民族中心主义的中国本土化研究 [J]. 南开管理评论, 2003 (4): 31 – 36.

[54] 王海忠, 于春玲, 赵平. 消费者民族中心主义的两面性及其市场

战略意义 [J]. 管理世界, 2004 (2): 96 – 107.

[55] 刘世雄. 基于文化价值的中国消费区域差异实证研究 [J]. 中山大学学报 (社会科学版), 2005 (5): 99 – 103.

[56] 阳翼. 中国区域消费差异的实证研究 [J]. 管理科学, 2007 (5): 60 – 68.

[57] Klein J G, Ettenson R, Morris M D. The Animosity Model of Foreign Product Purchase: An Empirical Test in the People's Republic of China [J]. Journal of Marketing, 1998, 62 (1): 89 – 100.

[58] Granzin K L, Painter J J. Motivational Influences on "Buy Domestic" Purchasing: Marketing Management Implications [J]. Journal of International Marketing, 2001 (9): 73 – 96.

[59] Netemeyer R, Durvasula S, Lichtenstein D R. A Cross-National Assessment of the Reliability and Validity of the CETSCALE [J]. Journal of Marketing Research, 1991, 28 (8): 320 – 327.

[60] Sharma S, Shimp T A, Shin J. Consumer Ethnocentrism: A Test of Antecedents and Moderators [J]. Journal of the Academy of Marketing Science, 1995, 23 (1): 26 – 37.

[61] Shimp T A, Sharma S. Consumer Ethnocentrism: Construction and Validation of the CETSCALE [J]. Journal of Marketing Research, 1987, 24 (Winter): 280 – 289.

[62] Albaum G, Peterson R A. Empirical Research in International Marketing: 1976 – 1982 [J]. Journal of International Business Studies, 1984, 15 (Spring/Summer): 161 – 173.

[63] Steenkamp J B, Batra R, Alden D L. How Perceived Brand Globalness Creates Brand Value [J]. Journal of International Business Studies, 2003, 34 (1): 53 – 65.

[64] Howard J A, Sheth J N. A Theory of Buyer Behavior [M]. Marketing Classics, Cambridge: The University Press, 1967: 105 – 123.

[65] 金镛准,李东进,朴世桓.原产国效应与原产地效应的实证研究:中韩比较 [J].南开管理评论,2006 (2):44-51.

[66] 李东进,董俊青,周荣海.地区形象与消费者产品评价关系研究:以上海和郑州为例 [J].南开管理评论,2007 (2):60-68.

[67] 张崇辉,李梦楠.消费者地区中心主义探索性研究 [J].北京行政学院学报,2013 (2):75-79.

[68] 邵鹏,胡平.电子商务平台商业模式创新与演变的案例研究 [J].科研管理,2016 (7):81-88.

[69] 李仪."互联网+"背景下的农业商业模式创新:基于农业全产业链闭合平台的视角 [J].学习与探索,2016 (9):101-106.

[70] Kenney M, Zysman J. The Rise of the Platform Economy [J]. Science and Technology, 2016, 32 (3):61.

[71] Arati S, Venkatraman N. Entrepreneurship in Digital Platforms: A Network-Centric View [J]. Strategic Entrepreneurship Journal, 2018 (1):54-71.

[72] 常亚平.影响消费者重复网上购物行为因素的实证研究:基于电子商务环境和网络商店因素的数据分析 [J].管理评论,2009 (4):54-56.

[73] 张应语,张梦佳,等.基于感知收益-感知风险框架的O2O模式下生鲜农产品购买意愿研究 [J].中国软科学,2015 (6):128-138.

[74] Foss N J, Saebi T. Fifteen Years of Research on Business Model Innovation: How Far have We Come, and Where should We Go? [J]. Journal of Management, 2017, 43 (1):200-227.

[75] Holbrook M B. Consumption Experience, Customer Value, and Subjective Personal Introspection: An Illustrative Photographic Essay [J]. Journal of Business Research, 2006, 59 (6):714-725.

[76] Kim J. The Platform Business Model and Business Ecosystem: Quality Management and Revenue Structures [J]. European Planning Studies, 2016, 24 (12):2113-2132.

[77] 王崇,陈大峰.O2O模式下消费者购买决策影响因素社群关系研究

［J］．中国管理科学，2019（1）：110－119.

［78］王二朋，高志峰．风险感知、政府公共管理信任与食品购买行为［J］．南京工业大学学报，2016，15（3）：92－98.

［79］崔彬．农产品安全属性叠加对城市消费者感知及额外支付意愿的影响［J］．农业技术经济，2013（11）：32－39.

［80］苏昕，张辉，周升师．农产品质量安全监管中消费者参与意愿和行为研究［J］．经济问题，2018（4）：62－69.

［81］钟真，陈淑芬．生产成本、规模经济与农产品质量安全［J］．中国农村经济，2014（1）：49－61.

［82］帝雁北，何思思．我国保障农产品质量安全的公众参与制度研究［J］．中国社会科学院研究生院学报，2014（5）：69－73.

［83］孙小燕，付文秀．消费者安全农产品购买行为品种间差异：事实与解释［J］．农村经济，2018（4）：58－64.

［84］邓瑛，王冀宁．消费者对食品安全的担忧源自何处？［J］．食品工业，2016，37（10）：269－273.

［85］王二朋，卢凌霄．消费者食品安全风险的认知偏差研究［J］．中国食物与营养，2015，21（12）：40－44.

［86］张明华，温晋峰．消费者食品安全问题识别能力与安全食品购头行为［J］．南通大学学报，2016，32（3）：151－156.

［87］Paul J, Rana J. Consumer Behavior and Purchase Intention for Organic food［J］. Journal of consumer Marketing, 2012（6）: 167－173.

［88］Janssen M, Hamm U. Product Labelling in the Market for Organic Food: Consumer Preferences and Willingness to Pay for Different Organic Certification Logos［J］. Food Quality and Preference, 2012（1）: 206－211.

［89］Matthew A, Buys E M. Persistence of Foodborne Diarrheagenic Escherichia Coli in the Agricultural and Food Production Environment: Implications for Food Safety and Public Health［J］. Food Microbiology, 2019（3）: 363－370.

［90］David U, Kenneth F. Quality Certification vs. Product Traceability:

Consumer Preferences for Informational Attributes of Pork in Georgia [J]. Food Policy, 2009 (34): 305 – 310.

[91] 周应恒, 卓佳. 消费者食品安全风险认知研究: 基于三聚氰胺事件下南京消费者的调查 [J]. 农业技术经济, 2010 (2): 89 – 96.

[92] 刘媛媛, 曾寅初. 食品安全事件背景下消费者购买行为变化与恢复: 基于三聚氰胺事件后的消费者调查 [J]. 中国食物与营养, 2014, 20 (3): 38 – 43.

[93] Daniel S K, Rebekah M, Sasha G, et al. Agricultural Practices for food Safety Threaten Pest Control Services for Fresh Produce [J]. Journal of Applied Ecology, 2016 (5): 1402 – 1412.

[94] Hui J, Zhibin L, Fraser M. Negative Emotions, Positive Actions: Food Safety and Consumer Intentions to Purchase Ethical Food in China [J]. Food Quality and Preference, 2020 (10): 85 – 92.

[95] 杨松, 庄晋财, 唐步龙. 信息不对称下考虑消费者品牌偏好的激励策略 [J]. 企业经济, 2018 (3): 42 – 47.

[96] David L O, Holly W, Wu L, Olynk J. Modeling heterogeneity in consumer preferences for select food safety attributes in China [J]. Food Policy, 2011 (36): 318 – 324.

[97] 范春梅, 贾建民, 李华强. 食品安全事件中的公众风险感知及应对行为研究: 以问题奶粉事件为例 [J]. 管理评论, 2012, 1: 163 – 168, 176.

[98] Ortega D L, Wang H H, Wu L. Modeling Heterogeneity in Consumer Preferences for Select Food Safety Attributes in China [J]. Food Policy, 2011 (2): 74 – 79.

[99] 杨鸿雁, 周芬芬, 田英杰. 基于关联规则的消费者食品安全满意度研究 [J]. 管理评论, 2020 (4): 286 – 297.

[100] Bilkey W J, Nes E. Country-of-Origin Effects on Product Evaluations [J]. Journal of International Business Studies, 1982, 13 (1): 89 – 99.

［101］严佳怡. 光环效应理论的主发机制、重要表现及影响［J］. 社会科学动态，2022（10）：20－22.

［102］Cudmore P D. Consumer Behavior in China：Consumer Satisfaction［J］. Loudon and New York Routledge，2000，9（1）：189－191.

［103］Rehardson B D. Consumer Behavior in Marketing Strategy［J］. New-York，Fortune，1992，10（5）：176－177.

［104］Wheeler M C. Who Really Does the Buying？［J］. Harvard Business，2000，7（2）：60.

［105］Kim T S. Competition and Consumer Behavior in Subscription［J］. Journal of Economics，1995，3（2）：223－246.

［106］Sethuraman T R，Cole R J. Japanese Psychological Research［J］. Journal of Management，1999，8（1）：235－248.

［107］Sino F P. Developing and Protecting Profitable Customer Relationships［J］. Industrial Marketing Management，2003，18：233－238.

［108］Holbrook M B，Batra R. Assessing the Role of Emotions as Mediators of Consumer Responses to Advertising［J］. Journal of Consumer Research，1987，14（3）：404－420.

［109］Mackenzie S B，Lutz R J. An Empirical Examination of the Structural Antecedents of Attitude Toward the Ad in an Advertising Pretesting Context［J］. The Journal of Marketing，1989，53（2）：48－65.

［110］Lafferty B A. The Relevance of Fit in a Cause-Brand Alliance when Consumers Evaluate Corporate Credibility［J］. Journal of Business Research，2007，60（5）：447－453.

［111］Lafferty B A. Selecting the Right Cause Partners for the Right Reasons：The Role of Importance and Fit in Cause-Brand Alliances［J］. Psychology & Marketing，2009，26（4）：359－382.

［112］于春玲，王海忠，赵平，等. 品牌忠诚驱动因素的区域差异分析［J］. 中国工业经济，2005（12）：115－121.

［113］Sweeney J C, Soutar G N. Consumer Perceived Value: The Development of a Multiple Item Scale ［J］. Journal of Retailing, 2001, 77 (2): 203 - 220.

［114］Davis F D, Bagozzi R P, Warshaw P R. User Acceptance of Computer Technology: A Comparison of Two Theoretical Models ［J］. Management Science, 1989, 35 (8): 982 - 1003.

［115］周文辉, 杨晋. 公益营销对消费者品牌态度的影响实证研究 ［C］. 第三届 (2008) 中国管理学年会论文集, 2008: 3196 - 3209.

［116］李海舰, 田跃新, 李文杰. 互联网思维与传统企业再造 ［J］. 中国工业经济, 2014 (10): 135 - 146.

［117］张娇. "互联网 +" 推动我国传统零售业可持续发展的思考 ［J］. 改革与战略, 2017 (6): 167 - 169.

［118］汪旭晖, 张其林. 平台型电商声誉的构建: 平台企业和平台卖家价值共创视角 ［J］. 中国工业经济, 2017 (11): 174 - 192.

［119］汪旭晖, 张其林. 电子商务破解生鲜农产品流通困局的内在机理: 基于天猫生鲜与沱沱工社的双案例比较研究 ［J］. 中国软科学, 2016 (2): 39 - 55.

［120］陈健聪, 杨旭. 互联网商业生态系统及其内涵研究 ［J］. 北京邮电大学学报 (社会科学版), 2016 (1): 45 - 52.

［121］纪雪洪, 王钦. 互联网商业模式的研究进展 ［J］. 现代经济探讨, 2017 (3): 78 - 82.

［122］刘建刚, 马德清, 陈昌杰, 等. 基于扎根理论的 "互联网 +" 商业模式创新路径研究: 以滴滴出行为例 ［J］. 软科学, 2016 (7): 30 - 34.

［123］张媛. 价值链视角下我国农批市场 "电商化" 转型策略探讨 ［J］. 商业经济研究, 2017 (23): 71 - 73.

［124］吴群. 传统企业互联网化发展的基本思路与路径 ［J］. 经济纵横, 2017 (1): 57 - 61.

［125］吉峰, 牟宇鹏. 基于扎根理论的传统企业互联网化转型影响因素

研究 [J]. 湖南社会科学, 2016 (6): 141 –146.

[126] 谢康, 吴瑶, 肖静华, 等. 组织变革中的战略风险控制: 基于企业互联网转型的多案例研究 [J]. 管理世界, 2016 (2): 133 –148.

[127] Gawer A, Cusumano M A. Industry Platforms and Ecosystem Innovation [J]. Journal of Product Innovation Management, 2014, 31 (3): 417 –433.

[128] 王生金. 平台模式的本质及其特殊性 [J]. 商业研究, 2014 (6): 27 –31.

[129] 韦群锋. 大数据时代的电子商务平台模式研究 [J]. 经济研究导刊, 2015 (9): 228 –229.

[130] Laurent M, Sébastien R, Mary L. Two-Sided Internet Platforms: A Business Model Lifecycle Perspective [J]. Industrial Marketing Management, 2015, 45: 139 –150.

[131] 侯赟慧, 杨琛珠. 网络平台商务生态系统商业模式选择策略研究 [J]. 软科学, 2015 (11): 30 –34.

[132] Kim J. Platform Business and Network Strategy [J]. STI Policy Review, 2014, 5 (1): 57 –74.

[133] 熊国钺, 袁婧祎. 互联网平台企业的商业模式成功要素研究 [J]. 管理观察, 2016 (1): 72 –74.

[134] 冯华, 陈亚琦. 平台商业模式创新研究: 基于互联网环境下的时空契合分析 [J]. 中国工业经济, 2016 (3): 99 –113.

[135] Litteral P, Lewis A, Thekdi C, et al. Community Based Learning Projects and Electronic Platforms in Business Statistics Courses [J]. Business Education Innovation Journal, 2015, 7 (2): 44 –50.

[136] Eisenmann T R, Parker G, Van M W. Opening Platforms: How, When and Why? [J]. Harvard Business School Entrepreneurial Management Working, 2008 (8): 9 –30.

[137] 朱巍, 陈慧慧, 田思媛, 等. 人工智能: 从科学到新蓝海——人工智能产业发展分析与对策 [J]. 科技进步与对策, 2016 (21): 30 –34.

[138] 杨曦, 刘鑫. 人工智能视角下创新管理研究综述与未来展望 [J]. 科技进步与对策, 2018 (22): 99-113.

[139] 林木西, 张紫薇. "区块链+生产"推动企业绿色生产: 对政府之手的新思考 [J]. 经济学动态, 2019 (5): 42-56.

[140] 孟韬, 董政, 关玉娇. 区块链技术驱动下的企业管理与创新 [J]. 管理现代化, 2019 (4): 64-70.

[141] 张浩, 朱佩枫. 基于区块链的商业模式创新: 价值主张与应用场景 [J]. 科技进步与对策, 2020 (2): 19-25.

[142] 林宏伟, 邵培基. 区块链对数字经济高质量发展的影响因素研究 [J]. 贵州社会科学, 2019 (12): 112-121.

[143] 渠慎宁. 区块链助推实体经济高质量发展: 模式、载体与路径 [J]. 改革, 2020 (1): 39-47.

[144] 邝劲松, 彭文斌. 区块链技术驱动数字经济发展: 理论逻辑与战略取向 [J]. 社会科学, 2020 (9): 64-72.

[145] 周茂君, 秦文琰. 区块链3.0时代电商信用体系的重构 [J]. 学习与实践, 2019 (11): 47-56.

[146] 庄雷. 区块链与实体经济融合的机理与路径: 基于产业重构与升级视角 [J]. 社会科学, 2020 (9): 51-63.

[147] 王博, 魏晓. 区块链创新赋能实体经济高质量发展研究 [J]. 理论探讨, 2020 (4): 114-119.

[148] 戚学祥. 超越风险: 区块链技术的应用风险及其治理 [J]. 南京社会科学, 2020 (1): 87-92.

[149] 张成岗, 黄晓伟. "后信任社会"视域下的风险治理研究嬗变及趋向 [J]. 自然辩证法通讯, 2016, 38 (6): 14-21.

[150] 喻佑斌. 论区块链在诚信社会建设中的作用 [J]. 自然辩证法研究, 2020, 36 (1): 74-80.

[151] Laurie H, Yogesh K D, Santosh K M, et al. Blockchain Research, Practice and Policy: Applications, Benefits, Iimitations, Emerging Research

Themes and Research Agenda [J]. International Journal of Information Management, 2020, 49 (12): 114 - 129.

[152] Warkentin M, Orgeron C. Using the Security Triad to Assess Blockchain Technology in Public Sector Applications [J]. International Journal of Information Management, 2020, 52 (6).

[153] 张云起, 冯漪. 基于区块链的电商信用生态治理研究 [J]. 中央财经大学学报, 2019 (5): 102 - 128.

[154] 张毅. 基于区块链技术的新型社会信用体系 [J]. 人民论坛·学术前沿, 2020 (5): 6 - 14.

[155] Konstantinos D, Nikolaos P, Theodoros A, et al. Blockchain in Agriculture Traceability Systems: A Review [J]. Applied Sciences, 2020, 10 (12).

[156] Kimani D, Adams K, Attah B R, et al. Blockchain, Business and the Fourth Industrial Revolution: Whence, Whither, Wherefore and How? [J]. Technological Forecasting and Social Change, 2020, 161 (12).

[157] 梅晓丽. 论区块链技术的价值取向 [J]. 自然辩证法研究, 2020, 36 (4): 44 - 50.

[158] 李海鸥, 郑引妹, 王发国, 等. 种养结合生态循环农业模式初探 [J]. 农业与技术, 2019, 39 (18): 90 - 91.

[159] 刘智. 中国省域农业绿色发展指数关联性分析 [J]. 统计与决策, 2020, 36 (7): 91 - 95.

[160] 李福夺, 杨鹏, 尹昌斌. 我国农业绿色发展的基本理论与研究展望 [J]. 中国农业资源与区划, 2020, 41 (10): 1 - 7.

[161] 沈兴兴, 段晋苑, 朱守银. 农业绿色生产社会化服务模式探析 [J]. 中国农业资源与区划, 2020, 41 (1): 15 - 20.

[162] 金书秦, 牛坤玉, 韩冬梅. 农业绿色发展路径及其"十四五"取向 [J]. 改革, 2020 (2): 30 - 39.

[163] 魏琦, 张斌, 金书秦. 中国农业绿色发展指数构建及区域比较研究 [J]. 农业经济问题, 2018 (11): 11 - 20.

［164］金赛美.中国省际农业绿色发展水平及区域差异评价［J］.求索，2019（2）：89－92.

［165］翁鸣.中国农业转型升级与现代农业发展：新常态下农业转型升级研讨会综述［J］.中国农村经济，2017（4）：88－95.

［166］杨锚，李景平，赵明，等.对农业绿色发展认识和实践的思考［J］.农村工作通讯，2020（1）：24－27.

［167］张弛，席运官，孔源，等.生态环境视角下有机农业发展助推环境保护与绿色发展（1994—2019）［J］.农业资源与环境学报，2019，36（6）：703－710.

后 记

本书的基础是我近年来科研成果的凝练，既是对过去几年科研工作的总结，也是我未来学术生涯的新起点。在本书即将出版之际，我仿佛又回到了刚刚入职黑龙江大学时的点滴生活之中，想到了培养我的领导、师长，想到了相互鼓励与学习的同事，想到了默默支持我的家人与朋友。

感谢黑龙江大学经济与工商管理学院常树春教授、魏枫教授、王金亮教授一直给予我的关心和帮助。感谢乔榛教授、宋国学教授的指导，学术前辈的思想扩大了我的视野，令我受益良多。还要感谢同在一个教研室的范志勇老师、王玉莲老师、郭轶群老师、马椿荣老师、王宝老师、梁蕾老师和高硕老师，感谢同事们在工作中给予的支持和鼓励。

同时，我还要感谢家族中的各位长辈和亲朋，在成长道路上对我的帮助和指点，以及无微不至的关怀。

最后，我要感谢我的父母和岳父岳母，在工作繁忙之时，是老人们帮助承担了更多的对家庭和孩子的照顾。更要感谢我的爱人，对我工作的支持和理解，陪我一路走来。我的专著得以顺利完成与家人的支持是分不开的。

本书的出版得到了黑龙江省高校基本科研业务费黑龙江大学专项资金项目（编号：2022-KYYWF-1209）和黑龙江大学工商管理学科经费的资助。衷心感谢黑龙江大学经济与工商管理学院、黑龙江大学社会科学处、重点建设与发展工作处对我的支持。我将用加倍的努力致力于教学与科研工作，回报学校和学院领导对我的关怀和帮助。

当然，本书顺利出版，也离不开经济科学出版社的大力支持。在此，一并致谢！